빈지 틈으로

남지은 수필집

수필과비평사

책머리에

즐거울 때보다 괴로울 때, 기쁠 때보다 슬플 때, 원고지를 끌어안고 행간 속으로 자맥질을 했습니다. 그렇게 살아온 자맥질을 건져 올리고 싶었습니다. 거의가 여기저기 발표했던 작품이지만, 한 자리에 앉혀두고 보니 변별력이 없어 실망스럽기도 합니다.

문학은 사물을 새롭게 보고 느끼는 눈을 주었습니다. 동물은 하나같이 사랑스러워 오히려 안쓰럽고, 식물은 잎의 떨림 하나도 신비롭습니다. 그런 시각이 타성에 젖어 돌아가는 수레바퀴처럼 덜컹거리는 삶에 새롭게 길들여지는 법을 엿보게 되었습니다. 그것이 먼 피안에 이를 수 있는 길이라 믿으며 없는 용기를 냈습니다.

찔레꽃이 산야를 하얗게 수놓았습니다. 그 향기가 심상을 자극합니다. 아프간 영화 「천상의 소녀」에서 열두 살 소녀 오사마는 싹둑 잘린 머리카락 한 줌을 화분에 심으며 희망을 품었습니다. 수필을 만난 지 십삼 년 만에 내 삶의 가난한 화분에 이 수필집을 심으려 합니다.

여기 이르기까지 지켜봐 주신 분들과 착하게 자라준 우리 아이들에게 이 책으로 작은 보답이라도 되었으면 합니다.

정해년 봄에

남지은

■ 차례

1부

13 | 흑자(黑瓷)
18 | 황화소심
22 | 플라타너스
26 | 나목(裸木)
30 | 내시경
34 | 눈 오는 날의 풍경
38 | 들꽃 전시회
43 | 어머니의 춤
48 | 꿈
52 | 외할머니
56 | 발[簾]
61 | 미소의 저편

2부

멜랑콜리워터 | 67
그 산책길 | 71
탁족(濯足) | 75
콜 | 80
정점을 향하여 | 84
사랑의 고리 | 88
촛불을 켜리라 | 92
돌나물 | 96
묘비 | 100
감은사여 | 105
사금파리 | 109
메아리 | 113

3부

121 | 치우천왕
126 | 소리 없는 풍경
130 | 홍시
134 | 살며 공감하며
138 | 에스프레소 향기
142 | 인연 그 시작은
146 | 가을소묘
150 | 역행(逆行)
152 | 두레박질
157 | 둥이
162 | 밀주(密酒)
166 | 미완은 완성이 되고

4부

속새 | 173
나의 문학수업 시절 | 177
들국화 | 181
삼굿 | 185
전통문화의 뿌리 | 189
멍에를 걸고 | 194
빨간 립스틱 | 198
짐 | 202
빈지 틈으로 | 207
몽고반점 | 210
매화의 뜰 | 214
부부싸움 | 218

나목[裸木] 中……

"나목의 몸속엔 해맑은 수액이 흐르고 내 몸속엔 붉은 피가 흐르고 있다. 그 이질감이 동질감이 되려면 서로 뜨거운 눈빛으로 바라봐야 무언가 통할 것 같기도 하다."

흑자(黑瓷)

암흑을 연상케 하는 흑석, 그것은 한낱 돌이었다. 아무리 뜯어봐도 도무지 감정교류 같은 것이 이루어지지 않았다. 차갑게 느껴져서 다가서고 싶은 생각도 없었다.

고려청자나 조선백자도 아닌 것이, 남의 나라 국보가 된 막사발도 아닌 것이, 검은 유약을 발라 구워 놓은 듯, 도자기처럼 광택을 내고 있다. 이것은 어느 암흑시대에 구워진 흑자이다.

그 암흑시대는 낮과 밤이 구분되지 않고 밤만 계속 되었을 것이다. 밤이 계속되는 하늘 아래서 구워진 흑자는 보이지 않는 암흑세계에서나 빛날 일이라며 무시해버리고 싶었다. 개명천지에서는 별볼일 없는 것이라고 옆의 다른 수석 쪽으로 발길을 돌려 버렸다.

그때 무슨 소리가 있어 가던 발길을 멈추었다. 다시 눈길은 흑자

위에 머물렀다. 쏴아 바람을 일으키며 여인의 휘날리는 머리결이 그 위에 나타났다. '아니!' 깜짝 놀라며 흑자 앞에 다시 섰다. 뚫어지게 들여다보는 내 눈에 여인은 두 개의 봉긋한 젖가슴을 내밀었다.

형태는 정방형이지만 그렇다고 모가 나지 않은 흑자는 젊은 여인을 숨기고 있었다. 이목구비는 보이지 않았다. 다만 휘날리는 머리 결과 봉긋한 가슴만으로도 젊은 여인의 체취 같은 것을 느끼게 했다. 금방이라도 돌 속에서 튀어나올 것 같은 자세의 흑자 여인. 무엇 때문에 이목구비를 숨겼을까. 없는 실체에 대한 호기심은 온갖 상상력을 동원하게 했다. 여인은 암흑시대의 전령으로 무언가 이 시대에 전할 절체절명의 메시지라도 가지고 왔을까?

그 메시지를 듣고야 말겠다는 듯 나는 귀를 기울였다. 뭔가 할 말이 많은 것처럼, 너무나 할 말이 많아 아예 이목구비를 숨기므로 바라보는 이의 상상에 맡기는 그녀의 메시지 아니 절규는 무엇일까.

사람은 일생 동안 수많은 절규를 삼키며 사는 것이다. 만사형통이면 행복이 따로 무슨 의미가 있겠는가. 높은 산에 올라가 맘껏 내지르고 싶은 절규 그것을 삼키며 살다보면 쾌감을 느낄 때도 있지 않은가. 흑자여인도 높은 산에 올라가 무언가 절규하다가 천지개벽에 의해 돌 속의 여인이 되었는지도 모르겠다. 바닷물이 끓어 넘치고 하늘과 땅이 맞닿는 그 무시무시한 저주에 질탕한 제물이 되어야 했는지도 모른다. 그러고 보니 흑자여인의 현신(現身)은 어떤 위대한 성인의 그것처럼 고귀하게 느껴진다.

자꾸만 숨겨놓은 이목구비에 궁금증이 이는데 현실 속의 또 다른 여인이 떠오른다. 그 친구는 난치병인 희귀 눈병을 앓고 있어 시력이 좋지 않다. 그러다 보니 출입이 부자유스러워 자주 만나지 못하고 가끔 통화만 한다. 전화를 하면 자신의 이야기를 소상히 하면서 그저 허허 웃는다. 그 웃음소리에는 항상 바람소리가 난다. 그러나 그 웃음만이 그녀를 지탱하게 하는 버팀목이 되고 있을 줄 안다.

어디서나 거침이 없던 그녀가 보이지 않는 무엇에 의해 허물어져 있는 것을 현실은 받아들이라고 한다. 어려운 일이 닥치면 현실과 타협하게 되고 또 익숙하게 되고 그러면서 터득하는 게 인생일까.

며칠 전, 참 오랜만에 그녀를 만났다. 버스의 노선 번호도 잘 보이지 않는다는 그녀에게 어느 은행에서 기다리면 데리러 가겠다고 했다. 은행에 도착했다는 전화 연락을 받고 달려갔다. 그녀가 내 시선 속에 들어오자 마음부터 조심스러웠다. 가까이 다가가 어깨에 가만히 손을 얹었다. 흐린 초점으로 "응! 지은 씨." 하며 나를 바라본다. 오랜만인데도 차마 웃을 수가 없어 말없이 그녀의 어깨를 껴안았다. 위로 받아야 될 그녀가 오히려 "괜찮아." 하고 웃는다. 한쪽 팔을 부축하고 걷는 나에게 "합병증으로 손톱이 빠졌어." 하며 손을 보여 준다.

그 외에도 여러 가지 합병증 증세를 얘기하다가 "오르막이 있으면 내리막이 있는 것, 이젠 비우고 산다."며 또 허허 웃는다. 복잡미묘한 감정을 숨기고 그것을 포장하기 위한 웃음 같지는 않다. 나의 부축에도 연신 발을 헛디디면서 그렇게 솔직하게 웃을 수 있다니. 그 모습은 내 가슴속에 가랑잎 몇 개쯤 깔아 놓는 일이다.

건강한 육신을 가지고도 온갖 환상의 노예가 되어 조바심치는 나. 결국 모든 환상과 고뇌도 내 속에서 만드는 것. 그것을 몰아내면 그렇게 솔직하고 자연스런 웃음이 나오는 것일까. 상처야말로 자기 정신의 시발점이라고 하던 어떤 연사의 말이 절실히 와 닿는 순간이다.

흑자 여인을 보다가 왜 그녀를 떠올리게 되었을까. 어딘가 모르게 두 여인이 비슷한 처지라는 느낌만 있을 뿐, 어디가 비슷하다고 확실하게 꼬집을 순 없다. 흑자여인이 돌 속에 갇힌 채로 애처롭게 다가왔기 때문에 그녀를 같은 선상에 올려놓게 된 것일까. 영영 나타나지 않을 흑자여인의 이목구비에 대한 궁금증은 없는 것이 있는 것과 같은 이치라고 타이르는 듯했다. 그것이 있고 없음의 진정한 합일인 것을.

일본의 국보 1호 '미륵보살 반가사유상'은 백제에서 건너 간 것으로 추측된다고 한다. 또 조선에서 건너간 막사발도 '기자에몬이도'라는 이름으로 일본의 국보가 되었다. 이기적인 일본인들이 타국의 막사발을 국보로 지정하기까지는 수많은 사연이 있을 것이다. 은은한 비파색을 띠고 온유함과 자연스런 선의 그 차완은 일본 다인(茶人)들의 도(道)며 예(禮)다. 그들은 유약을 발라서 구운 한낱

흙덩이에 많은 의미를 부여하며 다도를 즐겼다고 한다. 돌덩이 하나에도 의미를 부여하면 그럴듯하게 보이는 것일까?

그렇다면 오로지 심안으로 바라보았던 흑자에게 나도 의미 하나를 부여해야 할 것 같다.

황화소심

바다와 인접한 솔숲에 가면 습관처럼 무언가를 찾는 버릇이 있다. 그런 산엔 난(蘭)이 자생한다는 말을 들었기 때문이다. 의욕만 앞세워 난을 기른다는 것은 무리가 따르게 마련이다. 하지만 난초 잎의 고운 선을 보면 욕심부터 앞서는 것을 어쩌랴.

몇 년 전에는 제법 여러 가지 난을 구입한 적이 있다. 춘란, 한란, 보세란, 건란, 풍란 등 난에 대한 상식이라곤 없으면서 탐을 냈다. 더구나 환기가 잘 되지 않는 좁은 공간에서 난을 키운다는 것도 무리였다. 수십 개의 난 화분을 들고 다니며 맑은 공기와 햇볕을 쏘인다고 요란을 떨었는데도 허사였다. 하나씩 죽어 가는 난을 보며 가슴 졸이던 것을 지금도 잊을 수가 없다.

그 후 겨우 명맥만 유지하고 있는 춘란과 보세란을 볼 때마다,

그것들이 어쩐지 허전해 보였다. 또 죽은 것들에 대한 보상심리 같은 게 나를 부추겨서 한란을 하나 사야겠다고 별렀다. 왜 하필 한란인가 하면, 한란은 선이 가늘어서 여성스러운 데가 있기 때문에 남성처럼 씩씩하게 보이는 보세란에 잘 어울릴 것 같았다.

어느 날, 길가에 진열된 화초 구경을 했다. 버릇처럼 난초에만 눈길을 주고 있는데 화초의 주인인 듯한 할머니가 조용히 다가왔다. 할머니는 길가에 화초를 진열해 놓은 것이 미안한지 연신 주위를 살피며 가녀린 손을 떨고 있었다. 떨고 있는 손은 그 옆에 진열된 난초 잎의 떨림과 흡사했다. 연약한 사람을 보면 보호본능이 발동하는 것은 보통 사람들의 심리. 나는 무엇이든 사야겠다고 마음을 굳혔다. 그러나 나의 화초 기르는 솜씨를 생각하니 걱정이 앞섰다. 괜히 화초의 이름이나 거름은 무얼 주는지를 물으며 시간을 끌었다.

그때 '황화소심'이라는 이름표가 붙은 난초 하나가 수줍은 듯 내 눈길을 끌었다. 노르스름한 꽃은 별이 뜬 것처럼 맑게 빛났다. 한란만큼 여성스럽지는 않아도 그 이름이 옛날 어느 기생의 기명(妓名) 같아서 마음에 들었다. 막상 사려고 하니 또 죽이기라도 하면 어쩌나 싶어 망설였다. 난초를 만지작거리며 아예 그 옆에 쭈그리고 앉는 내 마음을 눈치챘는지 할머니는 입가에 주름살을 띠우며 "물을 일주일에 한 번씩만 주면 잘 자라는데…." 하였다.

더 이상 말을 하지 않아도 할머니의 주름진 얼굴은 보증수표처럼 믿음직스러웠다. 일주일이란 말은 난을 살 때마다 들어온 말이지만, 믿고 싶은 배경엔 역경과 고난이 스며든 그 분의 주름살이 한몫을 했다. 마침내 봄내음 물씬 풍기는 소심이를 품에 안고 집으로 돌아왔다. 집에 있던 보세란 옆에 소심이를 살며시 밀어 놓았다. 소심이의 잎사귀가 떨고 있으니 보세가 살랑살랑 손짓을 한다. '소심아!' 하는 속삭임이 들릴 것 같아 그 옆에 쪼그리고 앉았다. 은밀한 이야기를 엿듣는 듯한 이 기분 얼마나 짜릿한가.

다음날 아침부터 나는 식탁준비 외에도 할 일이 한 가지 더 생겼다. 거실 창문 밑에 배열해 놓은 난초에게 맑은 공기를 쏘이기 위해 환기를 시키는 일이다. 창문을 열면 난초 잎새는 일제히 '사르르' 몸 떨기를 한다. 소심이의 떠는 모습은 길가에서 난을 팔던 할머니처럼 애처롭다. 아마 할머니는 그 자리에서 난을 팔고 있는 한 그렇게 떨어야 하리라. 그것은 할머니도 모르는 사이 고객을 끄는 이유가 되었을 법하다.

조선(朝鮮) 말엽, 흥선대원군은 가끔 묵향 그윽한 난초를 쳤다고 한다. 대원군의 〈석난도〉는 선이 가늘면서 힘이 있고, 부드러우면서 날카로웠다. 그 분이 강대국의 압력에도 굴하지 않고 대쪽같이 쇄국정책을 펼 수 있었던 것은, 〈석난도〉의 영향이었을까. 울화를 예술로 승화시킨 대원군의 〈석난도〉는 한 시대의 풍운아 그 대변자로서도 손색이 없다.

그 고귀한 작품을 어찌 내 손에 넣을 수 있으랴. 나는 꿩 대신 닭이라는 생각으로 그동안 난초를 사들였는지도 모른다. 난초 가꾸기가 까다롭다는 건 익히 아는 사실이다. 중국 명나라 시대 사람인 단계자(簞溪子)는 동양란을 가꾸는데 주의할 점 열두 가지 항목을 묶었는데, 이름하여 난이십이익(蘭易十二翼)이라 했다. 나는 열두 가지 항목을 읽어보고 아연하지 않을 수 없었다.

"잔잔하게 부는 바람은 좋아하나 차가운 바람은 싫어하고, 햇빛이 잘 드는 것은 좋아하나 지나쳐서 더운 것은 싫어하고, 아끼면서 길러지는 것은 좋아하나 교만히 기르는 것은 싫어하고…."

이제 앞으로 열두 가지 항목에 얽매여 바보 같은 행동을 해대는 나를 자주 볼 것 같다. 그래도 창문을 열어주면 맑은 공기를 마시고, 몸 떨기로 답하는 소심이와 보세가 자식처럼 사랑스럽기만 하니 어쩌랴. 난초 할머니의 떨고 있던 손이 아직도 눈에 아른거린다.

플라타너스

버스는 영주동 로터리를 지나 중앙동을 달리고 있다. 다른 곳에 비해 이 구간은 유난히 넓고 깨끗하다. 좌우로 나열된 빌딩 숲에 비해 인파도 드물고 이국적인 멋이 풍기는 곳이다. 법원 가는 일로 종종 지나치는 길이지만, 늘 새삼스럽다.

판결을 질질 끌며 사람을 맥 빠지게 하는 민사사건은 세월 죽이는 방법을 터득게 한다. 지난달 공판일로부터 한 달을 기다리게 해놓고, 막상 오늘 가면 또 다음 공판 날짜를 실컷 기다리게 잡을 것을 안다. 그러기를 1년 남짓, 이젠 몸과 마음이 지칠 대로 지쳐 가랑잎처럼 바스락거린다. 내키지 않는 자리에 어쩔 수 없이 가는 기분은 몹시 착잡하다. 이럴 땐 눈에 비치는 사물 또한 온통 흑백이다.

때마침 도로 위를 뒹구는 플라타너스 잎사귀 하나가 눈길을 잡아끈다. 바싹 마른 형태가 금방이라도 부서질 것 같다. 아직은 낙엽 지는 계절이 아닌데 어찌하여 처연한 모습을 드러내며 길바닥을 쓸고 있는가. 얼른 가로수를 쳐다보니 플라타너스 잎들은 그 푸른 생기가 하늘을 찌를 듯하다. 그런데 도로 위를 뒹구는 저 잎사귀는 어떤 시행착오가 있었기에 앙상한 가슴을 움켜쥐고 죽어가는 젊은이처럼 세상을 다 채워 살지 못했을까.

수많은 차들이 낙엽 하나쯤은 아랑곳하지 않은 채 황망히 지나간다. 낙엽은 차들이 질주하며 일으키는 바람에 의해 이리 휩쓸리고 저리 휩쓸린다. 모든 것이 그렇듯이 너무나 빠르게 흘러가는 세월은 저 플라타너스 낙엽도 망각 속에 묻어 버릴 것이다.

차창을 통해 들어오는 바람을 감지하듯 문득 알지 못할 비애가 스친다. 그 기분을 떨쳐 버리려고 세차게 도리질을 하는 나도 언젠가는 사람들의 망각 속에 묻힐 것을 안다. 계절은 가을의 문턱을 들어서는 찰나에 있다. 그래서 푸름을 자랑하는 듯한 플라타너스 잎들도 실은 겉으로는 강한 척하며 안으로는 마음을 졸이는 여인처럼 생기가 없다.

플라타너스를 대할 때마다 초등학교 때의 일이 떠오른다. 운동장 가에 병풍처럼 둘러쳐져 있던 플라타너스, 운동장 한쪽 귀퉁이에 있던 토끼장, 그리고 환상처럼 들려오던 풍금소리, 이것들은 유년의 뜰을 살찌우던 풍경이다. 어느 날은 내가 토끼장 당번이었다. 혼자 남아서 풀을 뜯어다가 토끼먹이를 주고 청소도 했다.

학생들이 다 돌아간 텅 빈 운동장에는 한바탕 소음을 치른 뒤의 적막이 숨쉬고 플라타너스는 호위병처럼 서 있었다. 햇살이 한가로운 오후엔 플라타너스 그늘이 아주 길다. 그늘 밑에 있는 목마에 걸터앉으면 달콤한 졸음에 빠지기 일쑤였다. 그때 꿈인 듯, 들려오는 선생님의 풍금소리는 아직 다른 악기를 접해보지 못한 어린이에겐 구름 속을 헤매는 것 같은 황홀경이었다. 어느 선생님이 치는 풍금소린지 알 수 없었지만 어떤 정인에게 바치는 소리처럼 애절하고 아름다웠다.

수업 중에 듣던 풍금소리와 어째서 감동이 그렇게 달랐을까. 풍금소리가 운동장을 한 바퀴 돌아 산으로 들로 퍼져 나가면, 플라타너스 잎사귀들은 바람이 부는 대로 제각기 춤을 추었다. 잎사귀 위에 쏟아지는 햇빛은 광합성을 이루며 나뭇잎의 춤사위에 힘을 보탰을 것이다. 어린 감성으로 받아들이기에는 너무 벅찼던 것일까. 그만 눈앞이 흐려졌다.

나는 그때 처음으로 주어진 감동을 주체할 수 없어 문학을 향한 꿈을 꾸었던 것 같다. 사소한 감성들이 쌓이고 쌓여서 그 덩어리가 포화 상태일 때, 작품으로 승화시키는 것이 문학의 길이 아닐까. 아쉽게도 그 후로는 그런 감성에 빠져들 여유가 없었다. 환경에 따라 변하는 것이 사람이다. 살아오는 동안에 자신이 정서적으로 너무 메말라 있었다는 것을 부인할 수 없다. 늦게나마 문학의 길로 한 발을 들여놓긴 했지만, 낙엽을 쥐면 소리가 나듯 아직도 내 가슴은 그런 소리가 날 것 같다. 감성에 젖은 가슴으로 백지를 적시는 것이 문학일 텐데….

세월은 그냥 흐르지 않는다더니, 세월이 흐르면서 나에겐 무엇을 남겼단 말인가. 아무런 결과나 진전도 없는 법정의 판결을 듣고 허망한 마음으로 돌아오는 버스를 탔다. 법원은커녕 경찰서 문 앞에도 못 가본 내가 세상을 뜬 남편의 권리를 찾기 위해 변호사가 오라고 하면 가고, 가라고 하면 집으로 돌아온다. 그래서 이미 세월 죽이는 방법에도 익숙해 있는데 무엇이 이토록 허망하게 하는가.

버스가 중앙동을 지나칠 때 내 눈은 어느 사이 또 그 플라타너스 낙엽을 찾는다. 나에게 닥친 시행착오가 그것과 다를 바가 없다는 생각이 들어서였다. 그 넓은 잎사귀로 많은 이에게 시원한 그늘을 주더니 사라질 때는 그렇게 흔적이 없어야 하는가? 사라진 낙엽 하나를 두고도 애통해 하니 나이에 걸맞지 않은 것 같아 헛웃음이 나온다. 다른 사람들 눈에는 이러는 내가 낙엽처럼 보이지나 않을까?

그래도 낙엽 그 뒷면에 감추어진 우수가 한없이 좋은 걸 어쩌랴.

(1995.9.)

나목(裸木)

법회를 보기 위해 뒷산 암자엘 올라갔다. 아침산책 코스로도 좋은 길인데 춥다는 핑계로 한동안 뜸했다. 지기지우라도 오랜만에 보면 어색하듯, 2월의 산길은 왠지 낯설다. 그것은 여름내 입었던 옷을 벗어버린 나목 탓이 아닐까.

발걸음을 떼 놓을 때마다 바람을 가르는 삐삐한 내 몸뚱이가 나목처럼 핏기 없음을 느낀다. 닮은꼴이라 생각하고 보니 괜히 자신이 없다. 나목처럼 언제나 당당할 수 있을 만큼 진실한 삶을 살지 못한 까닭일 게다.

나목과는 아주 대조적인 침엽수 숲이 나타났다. 차가운 공기로 인해 그 푸른빛이 더욱 청청하여 발걸음을 세운다. 겨울에도 잎을 가시처럼 세우고 사니 그토록 곧게 뻗을 수 있는 모양이다. 곧게 뻗은 모양이 그 앞을 지나는 이로 하여금 자신을 되돌아보게 한다.

나는 사람들에게 차가운 이미지를 남긴다는 말을 곧잘 듣는다. 어쩌면 곧게 보이고 싶은 내면의 욕심이 차갑게 표출되는지도 모르겠다. 사실은 그런 내면엔 쉽게 마음을 열고 싶은 따뜻함도 있다. 그러나 내면을 들키고 싶지 않아 굳은 표정으로 자신을 감싸고 있는지도 모른다. 이런 어쭙잖은 자기 합리화의 생각을 가식이 없는 나목에게나 말하면 통할 일이다. 열심히 경청하지 않아도 어쩐지 나목은 이해해 줄 것 같으니까.

나목의 몸속엔 해맑은 수액이 흐르고 내 몸속엔 붉은 피가 흐르고 있다. 그 이질감이 동질감이 되려면 서로 뜨거운 눈빛으로 바라봐야 무언가 통할 것 같기도 하다. 세상을 살면서 수도 없이 흘리는 눈물, 눈물이란 수액처럼 살아있다는 의미이며 감정의 노출이 아닌가. 이 세상에서 내가 사랑할 수 있고, 사랑 받을 수 있는 사람들이 있다면 그들로 인해 눈물 흘릴 수 있다면, 그것으로 삶의 축복이 될 수도 있으리.

나무들은 산성비를 저장했다가 맑은 물로 만들어 주는 녹색 댐이다. 나무는 언제 고사를 하게 될지, 아니면 인위적 절단을 당하게 될지 모르지만 그 마지막이 예고되지 않은 것은 사람이나 마찬가지다. 사람에게 있어 마지막이 예고되지 않은 것은 신의 축복이라고 누군가가 말했다. 나무의 가치를 사랑하는 것은 인간의 몫이다. 함부로 베고, 낭비하고 버려지는 것을 나무는 원치 않으리라.

발걸음을 떼 놓을 때마다 풍경이 바뀐다. 새로운 것에 대한 인식이 영원할 수 없는 것은 끊임없이 새로운 것을 추구하는 이유가 된다. 문득 고향의 밭둑에 있는 미루나무가 생각난다. 나무 중에, 미루나무처럼 키를 쑥쑥 키우는 것은 드물 것이다. 아이들에게 미루나무처럼 쑥쑥 크라고 이르시던 어른들 말씀이 들리는 듯해서, 나목이 미루나무인 양 껴안으려 하다가 멈칫한다.

"사랑은 원치 않는다. 아직은 더 외롭고 싶으니까."라는 자학적 음성이 어디선가 들려오는 듯하다. 이 얼마나 2월의 나목다운 표현이고 모습인가. 그것이 설령 내 가슴속에서 나온 말이라도 들어주고 싶은 순간임을 어쩌랴. 가까워지는 암자에서 타종을 하는지 바람과 함께 종소리가 귓전을 스쳐 지나간다. 바람이 스칠 때마다 잎이 없는 나뭇가지는 위잉위잉 소리를 낸다. 언제부터인가 겨울만 되면 그렇게 울었으리라. 아픔을 다독이며 울어야 했으리라. 시린 아픔을 겪고서야 새싹을 틔울 수 있는 나목이여! 그 처연하고도 우뚝한 모습에 나는 이다지도 부끄러워야 하는가?

잔인한 사월이란 시구를 대할 때마다 아름다운 고뇌를 느낄 수 있었다. 각질을 뚫고 새싹을 내미는 나목을 볼 때는 고뇌를 인내한 흔적이 역력하다. 머지않아 숲은 차츰 찬란한 연둣빛이 되고, 연둣빛은 녹빛으로, 녹빛은 갈빛으로 변해 가리라. 그러는 동안 우리는 또 늙어가며 자연으로의 회귀를 준비하겠지. 천하의 영웅호걸도 자연 앞에선 한없이 초라해지는 걸 피할 수 없지 않은가.

새싹은 어떤 교접으로 이루어진 결실일까 생각하다가 얼굴이 후끈 달아오른다. 얼른 주위를 둘러본다. 다행히 목탁 소리만 간간이 들려올 뿐 아무도 없다. 감정보다 이성을 앞세우며 산다고 믿었던 내가 그런 생각을 한다는 것이 우습다. 잎눈이나 꽃눈을 틔우는 생명의 경이로움은, 상상만으로도 이성보다 감정을 앞세우게 하는 모양이다.

허공에 머물고 있는 햇살은 봄기운을 머금고 나뭇가지와의 입맞춤을 시도하고 있다. 그 입맞춤이 무르익으면 나목의 뿌리는 펌프질을 더욱 부지런히 해야 하리. 펌프질의 밑바탕에 깔린 힘이 나에게 보이지 않는 용기가 되어 준다. 그러고 보니 겨울나무가 벗고 있는 이유를 이제야 알 것 같다. 벗은 나무에게 봄이 더 빨리 올 테니 말이다.

사람도 해마다 새 육신으로 봄을 맞이할 수 있다면 세상에 비관할 일도, 분노할 일도 없을 것이다. 가식으로 무장을 하고도 알몸뚱이로 세상에 던져진 것처럼 허무주의에 빠져 있는 나에게 오늘 나목이 주는 깨달음은 매우 크다. 겨울은 어떻게 가고 봄은 어떻게 오는가. 봄이 오는 길목에 하얀 목련이나 진달래가 피어나는 것은 신의 조화이다. 나목에서 피는 꽃은 그래서 더욱 우아하고 화사하다.

목련이 필 때, 꽃송이마다 어리는 그림자를 엿볼 수 있다면 그는 아마 외로운 사람이리.

(1996.2.)

내시경

위장은 나를 지배하는 주인이다. 자극적인 음식은 모조리 싫다고 거부반응을 일으키니 말이다. 그 비위를 맞추다 보니 이젠 내가 위장에게 지배를 당하는 꼴이 되었다.

지배를 당하는 자는 불만을 감추고 산다. 그래서 나도 그 불만의 표시로 며칠 전엔 위장의 반응을 무시하고 생선회에다 소주까지 곁들여서 아주 맛있게 먹었다. 아니나 다를까, 다음날부터 배가 살살 아프기 시작했다. 싸르르 아프다가 덜하고 또 아프다가 덜한 것이 마치 산모의 진통과 같았다. 하루 종일 그렇게 앓다가 저녁때가 되어서 하교한 아들에게 약을 사 달래서 먹어 봤지만 소용이 없었다.

견디다 못해 병원에 갔더니 또 그 지긋지긋한 신경성 위염이란다. 의사는 더 자세한 것을 알려면 예의 그 위 내시경이란 걸 해보자고 한다. 겁이 덜컥 났다. 이십 년이 넘는 내 위장병은 스스로도 진단할 정도가 되었다. 이럴 때는 위산과다, 저럴 때는 위염, 그러나 대체로 가슴과 목이 답답하며 소화불량에 시달릴 때가 더 많다. 곧 신경성 위염이라는 것이다. 신경성이란, 약을 먹을 때만 조금 덜하다가 다시 재발한다. 그래서 위 내시경만은 이 핑계 저 핑계로 미뤄왔다.

그러나 이번에는 그냥 넘어갈 일이 아닌 것 같다. 증세가 여태까지와 다르니 피할 수가 없다. 특히 아이들에겐 그런 엄마가 더욱 위태위태하게 느껴질지도 모를 일이다. 위장 때문에 늘 위축되어 있으니 차라리 위장 속에 신호등이라도 하나 달고 싶은 심정이다.

오늘도 위장에게 지배당한 꼴이 되어 아침 식사를 굶은 채 병원엘 갔다. 이미 나보다 먼저 온 환자들이 많이 대기하고 있었다. 배고픔을 참지 못하는 나는 차례를 기다릴 일을 생각하니 앞이 까마득했다. 아침 굶은 사람부터 먼저 봐줄 수 없나 하고 은근히 기대했지만 혼자만의 생각일 뿐이다. 병을 고치려면 마음부터 다스려야 할 텐데 요행이나 기대하고 있으니 어찌 치료가 되겠는가.

내가 병원 문을 처음 드나들었던 것은 스무 살 적 일로, 어머니의 병시중 때문이었다. 몸져눕는 순간까지 몸안에 병마가 있다는 사실을 모르는 채 일만 하셨던 어머니. 간이 좋지 않아 고생하시던 어머니를 모시고 이 병원 저 병원을 전전하던 그때 일은 지금 생각해도 가슴이 터질 것 같다.

가는 곳마다 진단 내용이 다르고 치료 결과에 따른 가부간의 대답 또한 각각이었다. 누구나 절박한 상황에선 지푸라기라도 잡고 싶은 심정이다. 어떤 의사라도 희망적인 말을 해주는 의사가 명의로 보였다. 간경화는 치료가 어렵다는 걸 들어 알면서도 어머니만큼은 불사신처럼 일어나리라 믿고 싶었다. 결국 어머니는 돌아가시고, 넉 달 동안 병구완하면서 얼마나 애를 태웠던지 나에게 남은 것은 위장병뿐이었다.

간호사가 내 이름을 부르는 소리에 벌떡 일어나 진찰실로 들어갔다. 의사는 몇 마디 질문을 하더니 주사실로 가라고 했다. 위내시경을 하기 전에 위를 부드럽게 하는 주사를 맞아야 한다는 것이었다. 간호사가 주사를 주더니 하얀 액체로 된 약을 먹으라고 했다. 약을 먹고 나니 속이 몹시 느끼하고 불쾌했다.

드디어 의사는 내 입을 통해 어떤 물체를 밀어 넣기 시작했다. 목구멍을 타고 위장까지 내려간 물체는 온통 위장 속을 휘저었다. 위장은 거푸 소용돌이치며, 헛구역질을 일으켰다. 낯선 기계에 대한 거부 반응이리라. 우리 장기 중에 위장만큼 혹사당하는 부위가 또 있을까. 무엇이든 가리지 않고 소화를 시켜야 하니 가끔씩 소화불량이나 위염을 일으켜 존재를 알리는지도 모른다.

무언가를 찾기 위해 열심히 움직이는 물체를 위장 속 내 말초신경은 바짝 긴장하여 노려보고 있었을 것이다. 어쩌면 내시경까지도 소화시키기 위해 위액을 분출시키고 있었는지도 모른다. 나 자신보다 내 속을 더 훤히 들여다볼 수 있는 내시경에게 좀 자세히 살펴 달라고 부탁이라도 하고 싶었다. 사람은 그다지도 앞날을 예측할 수 없는 것인지, 잘못된 일을 당하고 보면 그땐 왜 좀 달리 대처하지 못했을까 하고 왕왕 후회를 하게 된다. 나 역시 미리 위장병에 대처했더라면 이런 고통은 없을 텐데, 매사 신경을 곤두세우며 위장을 혹사했다.

나는 요즘 세월을 이십 년쯤 되돌려놓을 수만 있다면 인생을 좀 달리 살아보고 싶다는 생각을 많이 한다. 이것은 모든 사람들의 공통된 생각이겠지만, 이십 년 후의 나는 또 오늘을 돌이켜 보며 후회할 것을 너무나 잘 안다. 산다는 것은 그렇게 후회의 연속이다.

환자의 고통쯤이야 아랑곳하지 않는 의사는 할 짓 다하고서야 그 구역질나는 물체를 뽑아냈다. 혈액검사 초음파 심전도까지 했다. 결과는 아무 이상이 없다는 것이다. 의아해 하는 내게 의사는 신경성이니 음식 조심해서 먹고 신경 쓰지 말란다. 사람 사는 곳에 신경 안 쓰고 되는 일이 있을까. 신경을 쓴다는 것이 곧 삶인 것을. 밖으로 나오니 위장 속에서 꼬르륵 소리가 났다. '그래! 네가 있어 내가 존재하는 것을 잊고 살았구나. 앞으로 너의 뜻에 따르는 것이 편한 길이란 걸 기억할게.'

타협이란 때에 따라서 참 편리한 것이다. 괜히 불만을 드러냈다가 손해 본 꼴이 되지 않았는가.

(1996.5.)

눈 오는 날의 풍경

부산은 눈이 귀한 지방이다. 눈이 흔한 지방에서 자란 나는 겨울만 되면 눈을 기다린다. 금방 녹아내리더라도 어쩌다가 눈이 오는 날은 아이들처럼 여기저기 눈 소식을 알린다.

지난 토요일에 이웃 사람들과 함께 남원 근교의 온천엘 갔다. 아침에 나설 때는 맑았던 날씨가 차츰 흐려지더니 산청쯤에서는 눈발이 제법 많이 휘날렸다. 남원에 가까워질수록 드세진 눈발은 온 들녘을 하얀 세계로 만들고 있었다. 버스 안의 일행들은 창밖에 시선을 던져두고 생각에 잠긴 표정이었다. 상념을 벗어난 무념의 표정들이 얼마나 순수한지 그것은 새로운 발견이었다.

흐린 날씨는 사람의 마음을 가라앉게 만든다. 한낮인데도 저녁나절을 방불케 하는 흐릿한 날씨, 휘날리는 눈은 낮과 밤을 잇는 매개체인 양 소리 없이 내린다. 나뭇가지마다 설화를 피우며 가끔은 작은 바람 끝에도 몸을 던져 낙화를 시도한다.

버스는 눈길에서 서행을 하기 시작했다. 여리디여린 눈 때문에 엉금엉금 기다시피 하는 버스가 점점 초라하게 느껴졌다. 거목 앞에서 내가 작게 느껴지는 것처럼 자연의 힘에 의해 버스는 자꾸만 초라해지는 것이었다. 육체라는 이름의 작은 몸뚱이 안에 긴 세월 동안 축적된 못 되고 추한 것도 하얗고 깨끗한 눈을 대하는 순간만큼은 고개를 추켜세우지 못하리라.

정신적인 미(美)야말로 근본적이며, 육체적 미는 부수적이라고 몽테뉴는 말했다. 사람은 과연 육체의 욕구, 정신의 욕구를 억제하면서도 얼마만큼 이성적일 수 있을까. 계속 휘날리는 눈에 마음은 젖고, 젖어드는 그대로 차츰 순화되는 감정의 찌꺼기들. 그동안 살면서 보이지 않는 가시를 가슴속에 얼마나 세워 왔던가.

어릴 때는 눈이 좋기만 했던 것은 아니다. 어두운 밤에 보면 공포를 자아내는 알 수 없는 색깔이었으니 말이다. 아주 먼 옛날, 이 세상이 열릴 때는 온통 흰색이었으리라. 그래서 인간이 사용한 최초의 색깔도 흰색이 아니었을까 싶다.

온천욕을 마치고 돌아올 때는 비포장도로에 승합차가 빠져 있었다. 뒤따라가던 우리 차도 덩달아 꼼짝할 수 없었다. 아쉬움을 안고 집으로 돌아가던 일행은 "이때다!" 하며 버스에서 내려 눈 위를 뛰고 달리며 서로 눈싸움을 걸었다. 사·오십대의 동심(?)도 봐줄 만한 것이었다. 어른 아이 할 것 없이 동심을 유발하는 데 눈보다 더한 것이 또 있을까. 그때 누군가가 일회용 카메라를 사 오더니 사진을 찍어 대기 시작했다. 그 순간 내겐 추억 하나가 흑백 사진으로 다가왔다.

스물한 살 때이다. 눈이 오던 날, 차가 띄엄띄엄 다니던 집 앞 신작로를 동생과 함께 걸었다. 그때 한 떼의 청년들이 눈싸움을 하며 지나가는데 그들이 던진 눈 뭉치 하나가 내 어깨를 맞혔다. 너무 놀란 나머지 나는 멍청히 그들을 바라보았다. 한 청년이 가까이 다가오더니 아주 강렬한 눈빛으로 나를 응시하며 어깨의 눈을 털어 주었다. 나는 엉겁결에 당하는 일이라 청년이 하는 대로 내버려두었다. 청년은 그런 내 기분 같은 건 안중에도 없다는 듯 말 한마디 없이 손을 흔들며 일행과 함께 가버렸다.

그 후로 나는 눈이 오는 날이면 창 너머로 신작로를 바라보곤 했다. 그 청년이 지나갈 것 같은 환상 때문이었다. 짧은 순간에도 누군가가 내 마음 깊숙이 들어올 수 있다는 것이 몹시 놀라웠다. 사람은 추억을 만들며 성장하고 늙어가는 것인가. 그때의 눈 놀이는 오롯이 추억으로 남았다.

버스가 서서히 움직이기 시작했다. 눈은 차창을 수없이 두드려대며 끈덕지게 우리를 따라왔다. 우리를 놓치면 다시는 못 볼 연인이라도 되는 것처럼. 그러나 소리 없는 노크였다. 창 밖의 눈과 차 안의 우리는 서로 마주 바라볼 뿐이었다.

답답한 안개, 쓸쓸한 이슬비보다 나는 고독해 보이는 눈이 더 좋다. 그 고독한 눈 속으로 버스가 빨려 들어가는 것 같아 황홀했다. 나의 기분에 누가 빗금이라도 긋듯이 갑자기 훌쩍거리는 소리가 들려왔다. 살펴보니 어떤 여인이 푸념을 늘어놓는다. 남편을 처음 만난 날도 눈이 왔고, 군대 보내던 날도 눈이 왔고, 그 남편이 죽던 날도 눈이 왔단다. 여인은 홀로 자식을 키우며 눈만 오면 죽은 남편을 떠올린다고 했다. 연인을 애련하게 바라보는 내 가슴 속에도 눈이 쏟아졌다.

자식을 사랑하는 부모의 마음을 육안으로 볼 수만 있다면, 눈처럼 하얄 것이다. 사랑을 주고도 더 주고 싶은 것이 부모님 마음이 아닌가. 그녀의 자녀들은 어머니 마음을 알기나 할까. 자식이란 부모에게 끝없이 바라기만 하는 존재이니 말이다. 자식의 마음을 색깔로 표현한다면 아마 회색이 아닐까.

저녁나절, 버스가 한가로운 시골 마을 앞을 지나칠 때 혹시나 저녁연기가 오르지 않을까 하고 두리번거렸다. 연기 대신 전깃불만 깜빡이고 있었다. 막차를 타고 떠나는 손님처럼 긴 여운을 남기던 저녁연기. 시골에서도 그 정경이 사라진 지 오래인데 나는 어리석게도 기대를 하였다. 촌락의 저녁연기 속에 내리는 눈은 어머니 품속같이 포근했다.

그러고 보니 눈은 초가나 기와집에 잘 어울리고, 대나무나 소나무에 잘 어울렸던 것 같다. 눈 쌓인 소나무 위에 학 무리라도 앉아 있으면 그거야말로 그림이 아니던가.

지금쯤 어느 담장 너머엔 매화가 눈을 맞으며 소복소복 피고 있으리.

(1997.2.)

들꽃 전시회

들꽃 전시회가 있다는 소식을 들었다. 마음이 몹시 설레었다. 산이나 들에서 흔히 볼 수 있는 들꽃이지만, 도심 속에서 들꽃을 보게 되다니.

그동안 어쩌다가 들꽃을 볼 기회가 있어도 꽃 이름을 몰라서 답답할 때가 많았다. 이번 기회에 우리 들꽃 이름을 많이 알 수 있을 것 같아 한껏 부풀었다. 어떤 사람들인지 참 좋은 일을 하는구나 싶기도 했다.

전시장에 들어서니 들꽃이 제각기 명찰을 달고 나 좀 봐 달라며 생글거리고 있다. 작은 연못의 파문처럼 가슴속에 물무늬가 일었다. 나도 활짝 웃으며 눈인사를 건넸다. 어디선가 물소리와 솔바람 소리가 들려오는 같았다. 들꽃들이 그런 착각에 빠지게 한 모양이다. 관람하는 사람들의 모습이 하도 진지하여 발걸음조차 조심스러웠다. 필기구를 꺼내서 꽃 이름과 개화기를 적어 나갔다. 앞서가는 몇몇 사람도 이미 무언가를 적고 있었다.

어떤 사람은 예뻐서 못 견디겠다는 듯 들꽃을 손으로 만지기도 한다. "만지지 말고 보기만 하세요."라고 써 붙인 푯말이 무색하다. 꽃에 사람들 손이 가 닿을 때마다 내 몸이 움츠려지곤 했다. 수많은 관람객들이 한 번씩 만지고 지나간다면 꽃이 본래의 모습을 유지할 수 있겠는가.

일제강점기에 위안부로 끌려간 처녀들에게도 거친 남성의 손길이 그렇게 스쳐갔을 것이다. 그럴 때마다, 처녀들은 조금씩 시들며 망가졌을 것이다. 타인이 자신의 몸을 만지면 싫어할 사람들이 다른 것을 만지고 탐하는 것엔 주저함이 없다. 꽃은 향기를 떨치는데 인간은 악취를 뿌리는 이유가 거기 있나 보다.

사람에 있어 젊음은 아름다운 꽃에 비유한다. 꽃다운 나이라고 하지 않는가. 청년들이 운동팬츠와 러닝만 입고 달리는 모습은 참으로 보기가 좋다. 어떤 때는 넋을 놓고 바라보기도 한다. 한때 내게도 있었던 젊음이 다른 이의 몫이 되어 있으니 새삼 부러운 것이다. 앞을 향해 한 걸음씩 나아가다 보니 나도 모르게 어느새 중년이 되어 있다.

들꽃은 근대의 우리 민초들과 닮았다. 우아하거나 정열적이지도 않고, 나약하거나 천하지도 않다. 가냘프면서 단아한 제비꽃, 밟혀도 거듭 피어나는 민들레, 무리를 이루어 살아가는 개망초, 모두가 일제강점기의 우리 민초(民草)의 모습이다. 어떤 꽃보다 관심을 끄는 것은 속새였다. 상록 다년초라는 속새는 꽃도 잎도 없이 줄기만 민둥한 게 특징이다. 난생처음 보았는데 그야말로 속세를 떠난 수도승처럼 모든 짐을 벗어버렸다.

엉뚱하고 특이한 이름들 중에는 큰앵초, 쥐오줌풀, 민쪽도리, 김의털, 끵끵이풀, 용둥굴레, 비비추, 범의귀 등이 있다. 이렇게 사랑스럽고 어여쁜 우리 꽃의 이름을 미처 모르고 있었다니 부끄러운 일이다. 범의귀는 이름도 모르는 채 나도 몇 년 전에 키운 적이 있다. 번식력이 아주 좋아 천하게 돌리다가 없어졌다. 흔하면 천하고, 귀하면 소중한 것이 인간의 심리가 아닌가. 이번 기회에 이름을 알게 되어 반가웠으나 그때 천하게 돌린 것이 마음에 걸린다.

금낭화는 '밥풀꽃'이라고도 하는데 거기에는 아주 슬픈 전설이 있다. 옛날에 굶기를 밥 먹듯 하던 며느리가 있었다. 어느 날 며느리는 시어머니가 엎은 밥상에 묻은 밥풀을 뜯어먹다가 시어머니의 호통 소리에 놀라 그대로 밥풀을 물고 죽었단다. 그 며느리 무덤가에 피어난 꽃 모양이 밥풀을 문 모양과 같다 해서 그런 이름이 붙여졌다고 한다.

금낭화에 못지않은 슬픈 전설을 가지고 있는 할미꽃이 눈에 띄지 않았다. 이른봄에 가장 쉽게 볼 수 있는 것이 민들레와 할미꽃이다. 산이나 무덤가에 있는 듯 없는 듯 피어 있어서 서러운 꽃이기도 하다. 솜털 보송보송한 고개를 다소곳이 숙인 모습은 차라리 부끄럼 많은 새아씨 꽃이라 하는 게 어떨까.

원추리꽃 앞에서는 〈별이 된 원추리 꽃〉이라는 동시가 떠올랐다.

"뻐꾸기 울고 간/ 바람 이는 산기슭/ 노란 원추리 꽃/ 너무 외로워…."

나물로도 먹는 원추리 꽃은 별처럼 노랗게 반짝인다. 생김새는 산나리와 비슷하지만 색깔이 조금 다르다.

언제 어디에 있어도 꽃이 지고 잎이 마르면, 그 뿌리는 땅 속에서 분주할 것이다. 언 땅을 가르고 새싹을 밀어 올려야 하니 말이다. 때가 되면 꽃 피고 열매 맺고 낙엽 지는 자연의 이치를 들꽃은 알고 있을 테니까.

전시된 들꽃은 백여 종이 넘는 듯하다. 이곳에 전시되기 위해 들꽃은 알맞은 온도와 습도에 어려움을 모르고 자랐을 것이다. 추위에 떨며 봄볕을 기다리는 인고의 세월을 모른다면 어찌 들꽃이라 할 수 있겠는가. 바람과 이슬을 먹지 못하고서야 어찌 들꽃이 될 수 있을까. 차라리 산비탈이라도 자연 상태로 자라게 해 주면 좋을 것을. 들꽃을 전시하는 사람들에게 고마워하던 마음은 어느새 간 곳이 없다.

멸종 위기에 놓인 들꽃도 많다고 한다. 사람들이 무작정 채취해가는 것도 그렇고, 공해와 환경파괴가 그렇고, 교배종이니 개량종이니 하며 인위적으로 들꽃 본래의 모습을 빼앗으며 씨를 말리고 있다. 들꽃은 들에 있을 때 더 아름답다. 신기하고 예쁜 꽃을 보더라도 그 자리에 두고 보는 것으로 만족하는 이가 참으로 꽃을 아끼는 사람이다.

사람이 죽어서 다시 태어날 수 없는 대신 영혼이란 게 있다고 한다. 육신을 벗어 던진 영혼은 새처럼 훨훨 날아서 본래의 곳으로 귀의하리라. 그곳이 어딘지는 모르나 아마도 청초한 들꽃이 한없이 피어 있을 것 같다. 오늘은 들꽃이 되고 싶다.

어머니의 춤

한 가문이 모여 사는 집성촌은 가문 우월주의와 유교사상이 깊은 편이다. 그 울타리 안에서 사는 아낙들에겐 숨막히는 시집살이의 연속이었을 것이다.

아낙들은 나름대로 돌파구가 필요했으리라. 그것이 화전놀이였다. 화전이란, 말 그대로 찹쌀가루 반죽에 꽃을 박아 전을 부치는 것이지만, 아낙들은 더 큰 의미를 두었던 같다. 온 산야가 꽃천지로 변하여 갖가지 벌·나비가 날아다니는 봄날, 밀주를 담그고, 갖가지 봄나물을 무치고, 화전을 부쳐서 동네 근처 야산에서 놀이판을 벌인다. 그 자리엔 새댁들은 어울릴 수가 없다. 인생이 곰삭아 연륜이 되어버린 여인들의 놀이판이었기 때문이다.

화전놀이를 바라보는 나의 느낌은 해마다 달랐다. 나이를 먹을

수록 아낙들의 시름이 더 절실히 느껴졌다고 할까. 화전놀이가 아픔을 발산시키는 한마당이었다면 아낙들은 마당극의 배우였다. 아마 할머니도, 그 윗대 할머니도 그렇게 하셨을 것이다.

철없는 아이들이 버들피리 '삘릴리' 불며 근처를 맴돌면, 아낙들이 시끄럽다고 지청구를 해도 아이의 어미는 화전 한 조각을 슬쩍 옆구리에 찔러 넣어준다. 어떤 아낙은 노는 모습을 보이기 싫었던지 아이들은 가까이 오지 말라고 소리를 친다. 택호가 접실댁이인 우리 어머니를 비롯해서 야골아지매, 동곡아지매, 우평아지매, 개실아지매 등등 아낙들의 친정 쪽 지명이 택호가 되어 그 호칭도 다양하다.

술잔이 몇 순배쯤 돌고 나면 누군가가 장구를 둥둥거리며 흥을 돋우기 시작한다. 북소리까지 한데 어울려 흥을 더하면 누가 시키지 않아도 모두들 일어나 덩실덩실 온갖 춤사위가 벌어진다. 중중모리장단이든, 자진모리장단이든 개의치 않는다. 모든 행동은 즉흥적이다. 그 춤에는 형식과 격식이 필요 없다. 다만 팔을 아래위로 흔들기만 하면 된다. 미친 듯이 뛰는 사람, 눈물을 찍어내는 사람, 노래를 부르는 사람, 그야말로 놀이패가 따로 없다. 그때 부르던 노래는 최정자의 〈처녀뱃사공〉, 이미자의 〈동백아가씨〉 등이었고 민요도 간간히 섞여 들판에 메아리친다.

막춤은 응어리를 풀어내는 데 촉매 역할을 톡톡히 했던 모양이다. 화전놀이를 마치고 돌아오던 어머니는 할아버지가 계시는 큰댁 사랑채 앞에서는 도둑걸음을 걸었다. 발걸음 소리가 사랑채까지 들리지도 않으련만 그토록 조심하셨다. 그리고 숨결마다 홍시 냄새를 피우며 만면에 환한 웃음을 띠고 저녁 준비를 했다. 마치 짐을 벗은 듯 홀가분해 보였다. 화전놀이가 묵은 체증이라도 내려 준 모양이었다.

한 가지 이상한 것은 질서가 엄격했던 당시에 할아버지 할머니들께서는 화전놀이를 눈치채면서도 그날만은 묵인하면서 은근히 지원을 하시는 것이었다. 예를 들면 손자 손녀를 돌본다든지, 가축을 챙기며 집을 지킨다든지. 여느 때 같으면 불호령이 떨어졌을 일이 아닌가. 동네에서 점잖기로 소문난 우리 할아버지께선 아낙들의 가무음곡이 멀리서 들려오면, 어이없다는 듯 "허헛그참 허헛그참!"을 연발하시던 모습이 지금도 눈에 선하다.

아낙들 역시 이왕이면 좀더 멀리 가서 화전놀이를 해도 될 것을 하필이면 동네 가까운데서 어른들 들으랍시고 희희낙락하시니 당시의 나로선 무척 걱정스런 일이었다. 화전놀이가 대대로 그렇게 전해 내려왔다는 것을 진작 알았다면 크게 걱정할 일도 아닌데 말이다. 지금 생각해 보니 그런 식으로 항변하고, 그런 식으로 받아주시는 멋스러움이 얼마나 그 시대다운 발상인가.

삼십대 초반쯤인가, 그와 비슷한 춤을 다른 장소에서 보았다. 부부모임에서 망년회라고 간 곳이 나이트클럽이었다. 난생처음 가본 그곳에선 남녀노소 구분도 없이 뒤섞여 춤을 추었다. 무엇이 그렇게 괴롭고 잊어버릴 것이 많은지 웃고 떠들고 마시며, 쾅쾅 울리는 음악에 맞춰 흔들어대는 몸짓은 가관이었다. 내가 귀를 틀

어막으며 놀란 토끼눈을 하고 있었으니 그날은 남편도 망년회를 망쳤을 것이다.

가끔 어머니들의 춤이 그리울 때가 있다. 그래서 문학을 하면서 고전무용반에 함께 등록을 했다. 춤은 아무나 추는 게 아니었다. 음악이 나오면 절로 신명에 겨워 춤사위가 나와야 하는데 나는 리듬을 타지 못했다. 살면서 얼마나 음악을 멀리하였으면 이 지경이 되었을까. 자탄만 하다가 포기하였다. 그때 마련한 한복과 장구를 보면 또다시 의욕이 앞선다.

인류에 언어가 생기면서 표현도 다양해졌다. 말이 있어도 표현할 수 없어 가슴앓이하는 경우가 있다. 그럴 때 춤은 언어가 되기도 한다. 조상들의 삶과 멋이 어우러진 우리 민속춤은 대대손손 민족의 한 많은 언어였다. 아니 수많은 외세의 침략에 의해 터득한 멋이라고 할까. 거기에 어머니들의 발을 옥죄었던 유교사상도 한몫을 보탰다.

우리나라 대표적인 민속춤 살풀이, 승무, 강강술래, 농악, 무속춤 중에 승무는 흰 장삼에 붉은 가사를 걸치고 백옥 같은 고깔과 버선코가 유난히 돋보인다. 어떤 이는 천안 삼거리의 흥타령은 요망한 멋이요, 고깔 밑에 승무는 분탕한 멋이라고 했지만, "얇은사 하이얀 고깔은/ 고이 접어 나빌레라…." 하는 조지훈의 시를 떠올리면 승무에 반하지 않을 수 없다.

승무와 같은 섬세함과 오묘함은 없더라도, 어머니들의 막춤이야말로 유교사상에서 벗어나기 위한 날개 달기였으리라. 갑자기 어디선가 '둥둥' 북소리가 들리는 것 같다. 햇살이 내리쬐는 들녘에 어머니와 아낙들의 웃음소리도 왁자하다. 나도 살며시 일어나 장구를 꺼낸다.

(1998.4.)

꿈

해질 무렵이었다. 잠시 후에 꽃 배달을 갈 테니 집을 비우지 말라는 전화가 왔다. 전화 한 통화로 전국 어디든지 꽃을 보낼 수 있는 세상이지만, 나에게 언제 꽃이 배달된 적이 있었던가.

처음 받는 꽃바구니라 생각하니 목마를 때 가슴속으로 두레박 하나 내려오는 듯 반가웠다. 한참 뒤에 한 청년이 꽃바구니와 케이크를 들고 나타났다. 누가 보냈느냐고 물었더니 모른다고 했다. 청년이 가고, 스산했던 현관 분위기가 가라앉으며 장미 향이 비단 위에 먹물처럼 스르르 퍼져나갔다. 오뉴월 들녘의 찔레꽃 향기가 이럴까.

체증이라도 걸린 것처럼 답답하던 가슴이 일시에 시원해졌다. 용서 못할 사람도 이럴 때는 용서하고 싶다. "꽃바구니야! 너는 오늘 최고의 선물로 와서 나를 기쁘게 하는구나.”

관엽 식물의 넓은 잎사귀를 가장자리에 깔고, 장미는 주지로 세우고, 안개꽃과 미리오로 공간을 마무리한 꽃바구니다. 멋지고 화려하여 아무래도 내 몫이 아닌 것 같았다. 저녁에 서울 동생들에게 전화를 걸었다.

“너희들 꽃바구니 보냈니?”

동생들은 하나같이 모른다고 했다. 궁금하여 잠을 이룰 수가 없었다.

다음날 아침 미역국을 끓이면서 연신 꽃바구니에 눈길이 갔다. 이웃집 여인이 그녀 생일날 남편으로부터 나이 숫자 만큼의 장미꽃 선물을 받았을 때 그녀보다 내가 더 감동했다. 안동 출신인 남편은 여자에게 꽃을 사주는 일은 아주 쑥스럽게 생각했기 때문이다.

식사 준비를 하다 말고 꽃바구니 옆에 앉아 장미를 세기 시작했다. 내 나이만큼의 장미 송이가 오아시스에 꼭꼭 박혀 있다. 그 숫자에 또 한 번 놀랐다. 언제 이만한 세월이 지나갔을까. 그동안 나는 무엇을 했단 말인가. 장미는 한밤중에 가장 향기로운 향기를 낸다고 하는데 나는 언제쯤 삶의 향기를 만방에 떨칠 수 있을까.

여백을 메운 안개꽃이 몹시 연약하고 가냘프다. 그래서 틈새로 들어오는 작은 바람에도 하르르 몸을 떤다. 이 꽃바구니에서 공간의 여백이나 메우는 역할이지만 그 떨림이 있어 주지인 장미가 한결 돋보인다. 영화에서 조연이 있어 주연이 돋보이지 않는가. 자고로 뭇 여성들에겐 장미의 화려함이냐, 안개의 연약함이냐, 백합의 순결이냐, 그 중 하나가 삶의 목표가 될 것이다.

한낮이 되어서 가까이 살고 있는 외사촌 동생이 생일을 축하한다며 전화를 걸어왔다. 나는 대뜸 꽃바구니 이야기를 했더니 대답이 우습다.

"언니! 혹시 옛 애인이 보냈거나, 아니면 지금 짝사랑하고 있는 사람이 보낸 거 아이가?"

순간 나는 무척 당황했다. 정말 그 어느 한쪽이기를 은근히 바라기라도 했던 것처럼. 그러나 옛 애인이 있을 리 없고, 지금 짝사랑하는 사람이 보냈다 해도 싫다. 자신의 신분을 떳떳이 밝히지 못하는 사람이라면 별 볼일 없다고 생각했다.

꽃바구니를 보니 마음이 처녀시절로 돌아간다. 혹시 그때 멋진 사람과의 좋은 추억이라도 있다면 이 순간 추억의 당사자를 떠올릴지도 모를 일이다. 하기야 처녀 시절 한 살 아래인 청년이 쫓아다닌 적이 있다. 그는 내가 다니는 길목을 지키고 있다가 팔을 벌려 막아서곤 했다. 어느 날은 구절초 한 다발을 꺾어 문 앞에 놓아두기도 했고 이웃 아주머니를 통해 나를 만나게 해달라고 청을 넣기도 했다. 나는 끝내 그 사람에게 말 한마디 건네지 않았다. 연하인 남자가 나를 좋아한다는 것이 너무나 창피했기 때문이다.

해마다 내 생일에 맞춰 찬거리를 사다주는 친구가 있다. 올해도 그 친구는 반찬거리를 사들고 현관문을 들어서다가 꽃바구니를 보고 반색을 했다. 누가 보냈는지 모른다는 내 말에 친구는 잠시 생각을 하더니

"하늘나라에서 네 남편이 보냈을까?"

우리는 마주보며 싱긋이 웃고 말았다. 저녁에 서울 여동생한테서 전화가 왔다.

"언니 ! 꽃바구니 주인 알아냈어?"

"아니."

"안동 오빠가 보냈다던데."

이틀 동안 온갖 상상으로 설레게 했던 사람이 동생이라니 매우 뜻밖이었다. 나보다 한 살 아래인 동생을 늘 어린 취급을 해서 불만을 샀는데 이렇듯 기쁘게 하다니. 꽃바구니의 위력은 내 심안의 종을 울리고 말았다. 이제부터는 동생을 어른 반열에 올려 주어야 할 것 같다. 동생은 난생처음 누나에게 꽃을 보내는 것이 쑥스러워 이름을 밝히지 않았다고 한다. 그 바람에 나는 허황된 꿈만 잔뜩 꾸었고.

인생이란 본래 꿈속 같은 것이다. 잠결에도 꿈이요, 깨어나도 꿈이다. 꿈속을 헤매다가 정신을 차리고 보니 그 기분도 그리 나쁘지 않다. 이래서 사람은 꿈을 꾸며 사는가 보다. 꿈은 꿈일 때 희망이 있어 좋고 수수께끼는 풀리지 않을 때 묘미가 있는 법이다.

(1998.7.)

외할머니

햇볕이 매우 따뜻하여 오히려 응달이 좋던 어느 봄날. 열두 살인 나는 정랑채 그늘 아래 앉아서 땅바닥을 향해 무언가를 열심히 찾고 있었다.

시골집 치고는 유난히 정갈하게 해놓고 살던 우리 마당은 그날도 깨끗이 쓸려 있어서 바늘이 떨어져 있어도 금방 찾을 것만 같았다. 마당을 지나서 정랑채 앞을 거쳐야 집밖으로 벗어날 수 있기 때문에 누구든 발자국을 남겨놓게 마련이었다.

이것은 들에 나가신 아버지 발자국, 저것은 마실 나간 동생 발자국, 드디어 작은 코고무신 발자국을 찾아냈다. 아침 일찍 외갓집을 향해 떠나신 외할머니 발자국이다.

외할머니는 발이 너무 작아서 하얀 코고무신을 살 때면 제일 작은 문수로 샀다. 그래도 신발이 커서 뒤축 안쪽에 흰색 헝겊을 대고 꿰매서 신으셨다. 그 작은 발자국을 발견하고 나는 그만 콧등이 시큰거렸다. 자그마한 체구에 말씀을 조용히 하시며 항상 자애로운 외할머니는 우리에게 옛날이야기를 많이 들려주셨다. 젊어서 홀로 되신 외할머니는 연약하신 몸으로 육남매를 키워내신 분이다.

내가 그 분을 유달리 좋아했던 이유는 우리 아버지에게서 느끼는 괴팍하고도 엄격함이 없고, 어머니에게서 보는 묵묵히 일만 하시는 무심함도 없었기 때문이다. 어린 마음에도 그런 부모님 밑에서 무척 외로움을 탔는지 외할머니의 자상함이 좋아 부모님보다 더 따랐다.

외할머니는 많아야 이틀 밤을 묵고, 대개 하룻밤 묵으면 가신다. 떠나는 차비를 하시는 외할머니의 치마 꼬리를 잡고 하루만 더 묵어가시라고 사정을 해보지만 허사였다. 딸네 집에서 유유자적 있을 어른이 아니었다. 나는 외할머니에게서 그런 점이 못내 아쉬웠다. 우리 집에서 가족처럼 마음 편하게 며칠씩 묵어가시는 게 내 소원이었기 때문이다.

우리 오 남매는 아버지 앞에만 서면 고양이 앞에 쥐 꼴이었다. 조금만 떠들어도 금방 매가 날아왔으니 말이다. 그토록 무섭던 아버지도 외할머니가 계시는 날엔 심하게 하시지 못했다. 우리에게 외할머니는 자유를 몰고 오는 구세주와 같았다. 사랑과 자유로움에 익숙지 않았던 우리는 마음조차 들떠서 밤늦도록 옛날이야기를 듣는 행운(?)까지 얻었다. 옛날이야기 중에는 이미 들은 것도 있었지만, 듣고 또 들어도 여전히 재미가 있었다. 외할머니의 입담은 상상의 나래를 펴기에 충분했다.

구전으로 전해오는 이야기를 어쩌면 잊지도 않고 그토록 재미나게 이끌어 갈 수 있었을까. 말주변이 없는 나는 이야기책이 흔한 시대를 살면서도 장래의 손자들에게 그렇게 재미난 이야기를 들려줄 자신이 없다. 이야기를 듣다가 우리들이 잠들면 외할머니는 당신의 딸과 집안 이야기며 살아온 이야기로 밤을 꼬박 새우신다. 아침이 되면 밥상을 물리자마자 또 떠나신다. 떠날 때는 사위에게 부탁 말씀을 잊지 않으셨다.

"제발 아이들을 아이들답게 키우게. 어린것들이 무얼 안다고 매를 드는가?"

그렇게 떠나신 외할머니가 너무 보고 싶었다. 혹시 두고 가신 물건이라도 없을까 하고 이방 저방 찾아 헤매다가 정랑채 앞에 쪼그리고 앉아 발자국을 찾기로 한 것이다. 작은 코고무신 발자국을 찾아내면 아침나절에 떠나신 외할머니가 보고 싶어 눈물이 핑 돌았다. 그 위로 누가 밟고 지나갈까봐 동그라미를 그려놓고 멍청히 지키고 앉아 있었다. 안방에서 들려오는 어머니의 베 짜는 소리도 그날따라 서글프게 들려왔다. 당신의 어머니가 가신 빈자리를 생각하고 있었는지도 모르겠다.

갑자기 어머니께서 부르는 소리에 안방으로 달려갔다. 꾸리를 넣은 북집을 왼손, 오른손으로 옮겨 받으며 열심히 바디를 치시는 어머니의 베 짜는 솜씨는 그저 신기하기만 했다. 우리와 같이 있을 여가보다 일에 얽매여 있는 시간이 더 많은 어머니였다. 문득 알지 못할 서글픔이 밀물처럼 밀려왔다.

"엄마, 정랑채 앞에 외할머니 발자국이 있어." 그 말을 해놓고 나는 그만 울음을 터뜨렸다. 어머니는 물끄러미 바라보시다가 "밥솥에 불 좀 지펴라." 하신다.

아무 말도 못하고 눈물을 닦으며 부엌으로 갔다. 잠시 멈추었다가 다시 들려오는 베틀 소리도 무겁게 들렸다. 아궁이에 성냥불을 그어 댔다. 부지깽이로 불쏘시개를 거두며 활활 타오르는 불길을 보고 있으니 거기서도 외할머니의 얼굴이 어른거렸다. 그때 용케도 점심때를 알고 달려오는 동생 발걸음 소리. 나는 부지깽이를 던지고 마주 달려 나가고 있었다. 외할머니 발자국이 동생 발에 밟혀서 지워질까봐.

세월이 흘러서 어머니가 세상 뜨신 지 이미 이십 년이 훨씬 넘었다. 나에게 어머니가 없어서 허전하던 자리엔 늘 외할머니가 계셨다. 그러나 그분도 삼 년 전에 고령으로 돌아가셨다. 우리 아이들은 저희 외할머니 얼굴을 모른다. 비록 일 때문에 우리에게 무심했던 어머니지만, 살아계셨다면 틀림없이 자애로운 외할머니가 돼주셨으리라. 아이들에게 외할머니에 대한 추억을 안겨주지 못하는 것이 못내 아쉽기만 하다.

추억은 오롯이 그 사람만의 정서인 것을….

(1998.8.)

발[簾]

오늘따라 방에 들어오는 햇볕이 몹시 거슬린다. 그렇다고 커튼을 치니 숨이 막힌다. 쓸데없이 옷장을 차지하고 있는 망토같이 답답하다. 남들이 하니까, 없으면 허전하니까, 커튼을 걸어 놓기는 했지만, 막상 창을 가리니 홀로 갇힌 느낌이다. 차라리 발을 치면 숨통이 트일까.

발을 사기 위해 재래시장을 찾았다. 분주하고 어설프지만 여기는 사람 사는 냄새가 난다. 살아서 펄펄 뛰는 생선, 밭으로 돌아갈 것 같은 푸성귀, 각양각색의 억양이 한데 어우러져 생기를 몰고 온다. 이럴 때는 혼자라도 좋으니 김치 한 보시기 앞에 놓고 텁텁한 막걸리 한잔 걸치고 싶은 심정이다. 상품을 깔끔하게 진열해 놓고 정찰제라며 에누리없는 장사를 하는 백화점은 아무래도 내

체질이 아닌 것 같다.

가을에 철 지난 발을 사려는 내 모양새가 어딘가 조금 부족한 여자로 보였던 것일까? 발전 주인은 발을 내어놓으면서도 연신 나를 힐끗힐끗 쳐다본다. 나는 그게 신경 쓰여서 비 맞은 중처럼 혼자 중얼거렸다. 내년 여름을 대비해서 쌀 때 미리 사놓는 것이라고.

진열된 발들을 보니 우리 조상들의 슬기에 절로 감탄이 나온다. 그분들의 숨결이 가슬가슬한 발을 다고 전해 오는 듯하다. 서양식 커튼보다는 우리의 발이 얼마나 멋스러운가. 발을 쳐 놓으면 빛은 차단되면서 그 틈새로 푸른 하늘과 바깥세상을 훤히 내다볼 수 있으니 이 아니 좋은가.

뙤약볕이 내리쬐는 한낮, 정자에 발을 드리우고 낭랑히 글 읽는 선비의 모습은 상상만으로 한 폭의 그림이다. 석양이 질 무렵, 글 읽는 서방님을 기다리다 발을 살포시 걷어 올리며 댓돌 위에 내려서는 별당아씨의 하얀 버선코는 또 어떤가.

이쪽과 저쪽을 나누는 경계에도 발을 친다. 은밀하고 내밀한 멋을 풍기는 발을 대할 때마다 떠오르는 인물이 있다. 어린 고종임금에게 정사를 맡길 수 없어 수렴청정(垂簾聽政)을 했다는 조 대비다. 영화나 사극 같은 데서 조 대비의 수렴청정엔 반드시 발이 쳐져 있지 않았던가. 유교정신이 뚜렷했던 조선시대엔 남성과 여성을 가르는 장치로도 발을 쳤다. 또 시집을 갈 때나 외출을 할 때도 가마의 창에는 발이 내려졌다.

발을 고르느라 이것저것 만지작거리며 그 촉감과 미감과 색감을 살폈다. 그리고 대나무에서 풍기는 특유의 냄새까지 욕심을 냈다. 한여름 대청이나 창문에 치는 발을 고르는 셈치고 기대하는 것이 너무 많다고나 할까. 그런데 그게 욕심이 아니라는 것을 알았다. 발은 내가 요구하는 바를 다 지니고 있는 것이다.

발은 그 재질에 따라 이름도 다양하다. 망초로 엮은 망초대발, 대나무를 잘게 쪼개서 만든 대발, 갈대로 엮은 갈대발, 무명이나 삼베로 만든 포렴(布簾), 옥으로 엮은 옥렴(玉簾), 구슬로 엮은 주렴(珠簾), 빼대쑥으로 엮은 쑥대발 등. 거기다가 한복판에 희(囍)자를 넣거나, 수(壽)자와 복(福)자를 넣고 가장자리에 갖가지 모양의 연속적인 무늬로 선을 둘러 멋을 부리기도 하였다.

할아버지는 손수 꼬신 노끈으로 싸릿대발이나 망초대발을 곧잘 엮으셨다. 할머니와 기직 틀 앞에 마주앉아서, 노끈으로 된 날줄을 묶은 고드랫돌을 주고받으며 싸릿대나 망초대를 씨줄로 넣었다. 그렇게 엮은 발은 고추를 말릴 때나 누에를 칠 때 아주 요긴하게 쓰였다. 발을 엮을 때 '토닥토닥' 고드랫돌 부딪는 소리는 참으로 신나고 정겨웠다. 나는 그 소리에 끌려 공연히 근처를 맴돌곤 했다.

할머니가 먼저 세상을 뜨신 뒤에도 할아버지는 가끔 홀로 발을 엮으셨다. 그러나 이전의 고드랫돌 소리만큼 신명이 나지 않았다. 나도 차츰 흥미를 잃고 곁에서 멀어졌다. 할아버지가 홀로 껴안았을 노후의 외로움 같은 것은 안중에도 없었다. 나에게 정겨웠던 고드랫돌 소리가 할아버지께는 그리움의 소리였다면 당신의 가슴은 얼마나 답답했을까. 할아버지의 가슴엔 회한이, 나의 가슴엔 꿈이 교차했을 그때를 생각하면 착잡하기 그지없다.

할아버지는 막내인 우리 아버지가 네 살 때 상처를 하셨다. 두 번째 할머니가 아버지를 얼마나 애지중지 길러주셨는지는 동네에 소문이 자자했다. 그런 할머니를 먼저 보내셨으니 발을 엮는 일은 세월을 엮는 것이었으리라. 늘 표정에 희로애락을 나타내지 않으셨으니 말이다. 그리니 큰어머니가 곡주를 걸러서 새참을 올리면 목을 축이시고는 얼굴에 화색이 돌았다. 중년이 되니 그때의 일을 되돌아보게 되고 그분의 마음을 조금은 헤아릴 것 같기도 하다. 세월을 엮으면 역사가 되는 것인가. 할아버지는 세상을 떠났지만 그분이 살아오신 일은 친정의 역사가 되었다.

가는 대[竹]로 엮은 세렴을 골랐다. 푸른 대로 엮은 취렴보다, 굵은 대로 성글게 엮은 소렴보다, 왠지 그것이 더 발답다는 느낌이다. 내 것이 된 발을 손바닥으로 쓰다듬는다. 할아버지가 껴안았을 외로움이 헛기침으로 다가서는 듯하다. 발을 사고 싶었던 이유는 단순히 햇빛을 차단하기 위한 목적이었을까? 할아버지가 발을 엮으며 세월을 보내셨던 것처럼 나도 햇빛 아래 극명하게 드러나는 나약한 부분들을 가리며 마음의 휴식에 들고 싶었는지 모른다.

집에 와서 철 지난 발을 창에 걸어 놓고 그 틈새로 바깥을 내다본다. 옥같이 푸른 가을 하늘과 조락이 시작된 앞산 풍경에 눈이 시리다. 발을 사이에 두고 대신들의 기세를 제압했을 조 대비를 떠올린다. 덩달아 힘이 솟는다. 답답했던 가슴이 탁 트이는 것 같다. 발을 친 게 아니라 마음을 창에 걸었나 보다.

정물처럼 앉아서 날아가는 새를 본다.

미소의 저편

경주 문화엑스포 행사장에 도착하니 깨어진 기와조각이 생긋 웃는다. 이름하여 소면와당이다. '새 천년의 미소관'이라고 이름 붙여진 건물 정면은 소면와당의 미소로 인해 온통 환하다. 모나리자의 미소가 어찌 그에 비할까.

소면와당은 일제에 넘어가 있던 것을 찾아온 것이라 한다. 자칫 영원히 볼 수 없었던 미소이다. 치욕적인 임진왜란과 한일합방이 문화유산 손실에도 한몫을 했다. 아직 찾아오지 못한 문화유산들은 언제까지 일제의 손아귀에 둘 것인가 생각하니 답답하다.

행사장에 비가 부슬부슬 내린다. 그래도 관람객들이 줄을 이었다. 영상 부문인 '새 천년의 미소관'에서는 세계적인 비디오 아티스트인 백남준과 14명의 국내외 작가들이 참여한 멀티미디어 아트쇼가 펼쳐진다. 백남준의 예술에 영원한 동반자였고, 아낌없는 지지를 보냈던 첼리스트 샤롯무어맨은 정열적인 여인이었는데 사십대에 암으로 죽고 말았다. 백씨는 조국의 문화 엑스포에 그녀를 상징하는 첼로와 비스듬히 고개 숙인 로봇으로 예술에 심취한 첼리스트를 표현했다. 그녀를 향한 백씨의 마음이 느껴진다. 사랑의 힘은 예술적 에너지로도 전환할 수 있음을 본다.

어떤 작가는 스크린에 느린 속도로 처리된 날씬한 여인의 인체 이미지가 수조 속 물 표면에 반사되어 흐느적거리는 동작을 표현했다. 그것을 보던 문우 H씨가 비슷한 모션을 취해서 나를 웃긴다. 배꼽을 잡는 나를 보며 따라 웃는 그녀의 모습에서 잠시 소면와당의 미소를 생각한다. 예술과 과학이 결합한 멀티미디어 아트쇼도 '미소의 저편'이라는 부제로 첨단 장비를 이용 엑스포의 의미를 전달함에 있다.

가을비를 맞으며 우리는 인파에 떠밀려 다녔다. 문화에 대한 관심도를 보는 것 같아 뿌듯하다. 그만큼 우리 민족의 의식은 깨어날 것이다. 영상관의 대형 영상시스템은 인류문명의 생성과 발전, 충돌과 융화, 창조 과정을 영상화하여 아주 흥미로운 볼거리를 준다. 환상적인 조명 기법과 과거와 현실을 오고 가는 입체 영상은 관객들의 환호와 아우성 속에 짧게 끝났다.

세계문명관에서는 이집트문명, 인더스문명, 황하문명, 한국문명 등 세계 문명을 한자리에서 비교 분석할 수 있었다. 이집트문명은 파라오상 중심으로 이루어져 있다. 9세에 이집트 왕이 되어 17

세에 죽은 투탄카멘은 미라로 발견되어, 현대 의학이 부검한 결과 머리의 상처로 사망했고, 66년 간 이집트를 통치한 람세스 2세는 출애굽기에 나오는 모세와 대결한 파라오로도 유명하다. B.C. 3세기경부터 사용된 최초의 인도계 문자와 보리수 아래의 붓다상은 대표적인 인더스문명이다. 인더스문명의 발상지인 모헨조다로 유적지에서 발견된 인장과 토우는 모헨조다로의 특징을 대변하는 유물인 것 같다. 황하문명은 진시황의 능에서 발견된 청동마차·청동마부·청동화폐 등 수많은 유물들이 그의 화려한 생애를 말해주고 있다.

해맑은 미소의 소면와당, 고졸한 미소의 반가사유상, 깊은 내면의 미소로 세계문화유산 중 최고 걸작품으로 꼽힌다는 석굴암 본존불 등, 세계 불상의 미소를 한자리에서 볼 수 있는 것은 행운이다. 이러한 미소는 흔히 아르카익 스마일(archic smile)이라 해서 기원전 5세기경 그리스에서 처음으로 나타났다고 한다. 그 미소는 인도 대륙에서 불상의 미소로 등장하여 카라코람 산맥과 타림분지를 지나 중국을 거쳐 한반도에 도달했다는 것이다. 한국인들이 이를 더욱 승화시켜 인류문명 사상 최고의 미소를 창출하였다. 과연 미소의 저편에는 무엇이 있기에 국경을 초월하여 문화의 꽃을 피웠을까.

소면와당의 미소를 어디서 본 듯하다고 말했더니 H씨가 모 기업체의 상표가 소면와당을 본딴 것이라고 일러준다. 이 수막새 기와 조각은 기와틀을 사용하지 않고 손으로 빚은 것이라고 한다. 신라

공인(工人)의 시작품(試作品)으로 판단된다고도 하는데, 시험삼아 주물럭거려 만든 작품이 오늘날 이렇게 빛나리라고 그는 생각이나 했겠는가. 아마 욕심을 가지고 작품을 만들었다면 그런 미소가 나오지 않았을지도 모른다.

'세계문명관'을 나오니 비가 제법 많이 내린다. 불현듯 허기를 느껴 우동으로 늦은 점심을 때웠다. 이 문화엑스포를 보기 위해 우리는 새벽 열차를 탔다. 10월 중순의 새벽 비는 을씨년스럽기 짝이 없지만, 행사의 주제이기도 한 천년의 미소가 우리를 여기까지 오게 했다.

'세계 풍물 광장'으로 향하는 발길엔 이미 땅거미가 지고 있었다. 32개국의 전통, 풍습, 생활, 문화를 주마간산 식으로 관람했다. 같은 날 같은 장소에서 세계문화와 유물을 대하며 과거와 현재를 넘나들었다. 아쉬움이 있다면 좀더 시간적 여유를 가지고 보았더라면 하는 것이다. 내가 진실로 공감하기 전에는 하루 종일 본 것들이 무의미한 일상이 될 테니 말이다.

폐장 시간에 맞춰 쫓기듯 행사장을 나오며 다시 한 번 소면와당을 쳐다본다. 그 미소 뒤에는 이미 돌아가신 어머니가 칸델라 불빛처럼 웃고 있다. 나도 마주 웃어 주었다.

(1998.10.)

사랑의 고리 中……

어머니는 웃음을 참을 수가 없었다. 훌쩍 커버린 손자가 대견하기도 했고, 어린것을 이만큼 키워 놓은 며느리를 오해했으니 부끄럽기도 했다. 오해란 어떤 대상을 나쁜 쪽으로 몰고 가기 위한 도화선이었다.

멜랑콜리워터

아침에 일어나 머리맡을 두리번거렸다. 내가 찾는 것은 아무데도 없다. 순간 몹시 서운했다.

딸아이는 며칠간 집을 떠났고, 중학생 아들에게 카네이션을 바라기는 무리인가 싶으면서도 서운한 마음을 금할 수가 없다. 아들을 깨우면서 쓸데없이 목청에 힘이 들어가 있다. 그런 자신이 유치하게 생각되면서 괜히 서글프다. 이런 어미로 인해 앞으로 아이들의 짐도 가볍지는 않으리란 걱정이 앞선다.

어여쁘지만 한편 대궁이 가늘어 애잔하기까지 한 카네이션이 왜 어버이날을 기념하여 가슴에 꽂히게 되었는지는 알 수 없다. 생각하기에 따라 카네이션을 달아드리는 일은 지극히 형식적이다. 마음만 있으면 되는 것이지 달고 다니지도 않을 꽃이 무슨 소용인가.

그런데도 그것을 기대했다가 혼자서 서운해 하는 꼴이라니.

실은 나도 어버이께 꽃을 달아드린 적이 없다. 어버이날이 있는 듯, 없는 듯 지나가 버렸다. 시골이라 카네이션이 어떻게 생겼는지도 몰랐고, 부모님을 일찍 여읜 탓이기도 하다. 그 방법이 아니라도 효도할 길은 얼마든지 있을 텐데 부모님이 기다려 주지 않았다. 자신은 부모님께 해 드린 것이 없으면서 학생인 아들에게 카네이션을 기대하였다.

아들아이와 아침 식탁을 마주하고 앉아 "오늘이 무슨 날인지 아니? 카네이션을 준비하지 못했으면 편지라도 한 통 준비했어야 되지 않겠니?" 하며 따발총을 쏘아대듯 말을 쏟아냈다. 아이는 아무 말 없이 묵묵히 숟가락질만 한다. 나도 그만 멋쩍어서 입을 다물고 말았다.

아이가 등교를 하고 난 뒤, 나도 외출 준비를 하려고 손가방을 챙기는데 "아니! 가방 속에 웬 카네이션과 편지봉투 하나."

순간 무언가에 한 대 얻어맞은 기분이었다. 해마다 제 누이가 달아 주던 카네이션을 녀석이 직접 달아주기가 쑥스러웠던 모양이다. 그렇지만 어미의 꾸지람에도 아무 말 않던 아이가 야속하기까지 했다. 쑥스러움이 끼어들 만큼 우리 모자의 사이에 거리감이 있었던가. 그렇다면 그것은 나의 불찰이 아닐까.

어제 시내에 나갔더니 길가에 꽃장수가 수도 없이 늘어서 있었다. 카네이션으로 만든 꽃바구니, 부케, 코사지를 길가에 진열해 놓고 손님을 부르는 소리가 여기저기서 메아리쳤다. 삶을 향한 소리, 인생의 문을 두드리는 소리였다. 어쩐지 그 표정들이 꽃처럼 밝지만은 않았다. 수요에 비해 공급이 많은 탓인 것 같다.

진열된 꽃 중에는 장미나 패랭이를 섞어서 만든 꽃바구니와 부케도 많이 있었다. 이유를 물었더니 예년보다 카네이션 가격이 엄청 비싸기 때문이란다. 사실 카네이션은 수입 품종이 아닌가. 굳이 그것만을 고집할 필요는 없을 것이다.

패랭이를 보는 순간 그 옛날 부모님 가슴에 카네이션 대신 패랭이라도 달아드릴 걸 하고 때늦은 후회를 했다. 산이나 들에 지천으로 피던 패랭이는 '석죽화'(石竹花)라고도 한다. 척박한 땅에서도 대나무처럼 꿋꿋하게 피는 꽃이기에 붙여진 이름일까. 아니면 대궁이 대나무의 마디를 연상케 하여 석죽화가 되었을까? 유럽 품종의 화려한 카네이션은 우리의 패랭이꽃을 뜻한다. 척박한 시대를 살아온 우리 부모님들에겐 어쩌면 카네이션보다 패랭이가 더 잘 어울릴지도 모른다. 이제부터라도 우리 어버이 가슴에는 패랭이를 달아드리자고 목소리라도 높이고 싶다.

갯바람 속에서 피는 갯패랭이, 심산유곡에서 홀로 피는 술패랭이, 고지대의 추위를 견디며 피는 난쟁이 패랭이, 이 모든 것은 우리 어버이들이 살아온 모습이다. 이런 민초의 모습 같은 패랭이꽃이 있는데, 굳이 로열티를 지불해야 하는 유럽 품종의 꽃을 고집할 필요는 없지 않은가.

15세기 중엽, 영국엔 치열한 장미전쟁이 벌어졌다. 왕권을 둘러싸고 랭커스터 가문과 요크 가문의 싸움이 약 30여 년 간 계속되었다. 요크 가문의 하얀 장미 문장(紋章)과 랭커스터 가문의 빨간 장미 문장에서 장미전쟁이라는 이름이 생겼다고 한다. 근래의 장미 전쟁은 장미의 비싼 로열티 때문에 한바탕 시끄러웠다. 꽃을 보면 누구나 마음이 순수해질 것 같은데 그렇지만도 않은 모양이다. 카네이션을 선물하지 않는다고 아들에게 서운한 속내를 드러내는 나처럼 인간은 아름다운 꽃을 앞에 놓고도 이기적일 수밖에 없으니 말이다.

카네이션은 화려하나 장미 같은 열정이 없고, 꽃을 받히기엔 너무 가늘게 보이는 대궁이 요요(寥寥)할 뿐이다. 차라리 자그마한 우리 패랭이꽃이 더 안정감이 있다.

아이가 두고 간 카네이션과 편지를 펼친다. "엄마 나를 이만큼 키워주셔서 고마워요." 그만 코끝이 찡하여 편지를 품에 안는다. 일찍 돌아가신 부모님도 마음에 걸리고, 아이에게 따발총을 쏘아댄 것도 민망하다.

"2%가 부족할 때"라는 음료수 광고 멘트처럼 나에게 멜랑콜리워터가 부족했나 보다. 카네이션 꽃잎을 설탕에 재어 짜낸 즙이 멜랑콜리워터, 즉 우울수라고 한다. 마음의 병에 걸렸을 때 복용했다고 하는데, 나도 이 우울수나 마시고 속차릴까 보다.

(1999.5.)

그 산책길

꿈결인지 생시인지 뻐꾸기 소리가 애절하게 들려왔다. 벌떡 일어나 베란다로 나가 앞산을 내려다본다. 아침 햇살과 연둣빛 숲 사이사이로 떡가루를 뿌려 놓은 듯 하얀 아까시꽃이 만발하였다. 아까시꽃이 피면 뻐꾸기는 그렇게 목놓아 운다.

오랜만에 아까시 꽃길을 걷고 싶어 늦잠을 자는 딸아이를 깨웠다. 새내기 대학생으로 동문모임, 농촌봉사활동, M.T. 등 분주하게 쫓아다니는 딸아이의 자는 모습이 배꽃같이 어여쁘다. 달콤하게 자는 아이를 깨우니 얼굴을 찡그리며 마지못해 일어난다. 마침 일요일이라 간편한 옷을 챙겨 입고 가끔 다니는 산책길을 따라 걸었다. 길 양쪽으로 늘어선 아까시꽃이 이미 지고 있는 중이다. 눈발처럼 휘날리는 꽃을 보고 나는 "와! 눈이 온다." 하며 외치니 딸아이는 "야! 여름눈이다." 하고 맞장구를 친다.

길바닥에 쌓인 꽃을 밟으며 걷는다. 고개를 들어 나무를 쳐다보니 자잘한 꽃잎들이 끝없이 추락한다. 나도 모르는 사이 '아!' 하고 짧은 신음 소리가 나왔다. 자연은 어찌 이다지 신비스러울까. 머리에서부터 발끝까지 꽃잎 세례를 맞는 행운을 맛보았다. 딸아이와 나는 동화 속의 요정이라도 된 것처럼 들뜬 기분이었다.

우리 집에서 이 길을 따라 오 분 정도 가다가 오른쪽으로 꺾어들면 약수터로 향하고, 곧바로 가면 문화회관, 박물관, 유엔묘지가 나온다. 거기다가 여러 개의 대학교를 비롯한 배움의 터가 많이 있어서 이곳을 문화의 거리라고도 한다. 문화의 존재와 활용은 인간 고유의 능력이 아니겠는가. 그런데도 이곳에서 이루어지는 문화행사에 자주 참여하지 못하니 부끄러운 일이다. 그러나 이 산책길만은 내 것처럼 이용해도 세금이나 입장료가 없다. 가슴이 답답할 때도 시간에 구애받지 않고 이 길을 걷는다.

아우성치듯 아까시꽃이 떨어지니 땅에 닿는 소리가 사그락사그락한다. 눈이 많이 올 때도 그런 소리가 나지 않던가. 딸아이는 여름눈(?)이 내리는 소리를 듣고 있는지 뒤에서 기척이 없다. 나의 시각과 청각도 바쁘게 움직이며 머리속에는 정보를, 가슴으론 우주의 움직임을 체험하고 있는 중이다. 그때 우리 앞으로 백인 여인이 애완견을 몰고 지나간다. 유유히 걷는 모습이 초행이 아닌 듯 보인다. 타국의 여인이 산책로로 이용할 정도이니 나도 꽤 괜찮은 길을 가고 있는 것 같아 잠시 우쭐한 기분이 된다. 필시 여인은 고국으로 돌아가서도 아침 산책을 즐길 것이며, 그때마다 이국땅의 이 아까시 숲길을 생각할 것이다.

우리는 문화회관을 향해, 여인은 반대 방향으로 걸었다. 문화회관이 내려다보이는 길목에서 걸음을 멈추었다. 이국풍의 산뜻한 문화회관, 조경이 잘된 유엔묘지, 문화유물이 전시된 박물관, 그리고 대학가가 한눈에 보인다. 그 모든 것을 가슴에 품은 듯 마음의 풍요를 느낌은 어인 일인가. 이럴 때 감사하는 마음이야말로 인간이 조물주에게 할 수 있는 최대의 배려가 아닐까.

산책길 왼쪽은 완만한 경사를 이루고 있어 부지런한 사람들이 채전을 일구어 놓았다. 그 밑으로 주택가가 오밀조밀하다. 산에서 시가지를 내려다볼 때는 그 수많은 집들의 존재에 놀라지 않을 수 없다. 그래도 집 없는 설움에 좌절하는 사람들도 많으니 도대체 소유와 무소유의 한계란 어디까지란 말인가. 주택이나 빌딩, 그리고 도로가 어지럽게 널려 있는 그 속에서 인간은 울고 웃으며 끝없는 인내를 요구당하기도 한다.

백인 여인이 산책을 끝내고 우리 앞으로 걸어오고 있다. 당연히 맑은 아침공기를 쐬고 만족한 표정일 것으로 알고 바라보았다. 그런데 여인은 사색이 되어 내 앞에 멈춰 서더니 산 쪽으로 손가락을 가르키며 "dog?" 한다. 그녀의 손가락 방향을 따라 눈길을 보내고 있는데 이번에는 딸아이가 비명을 지른다. 다시 딸아이가 가르키는 손가락을 따라가던 내 눈은 그만 못 볼 것을 보고 말았다.

두 남자가 손에 가스 불을 들고 나무에 매달린 무언가를 그을리고 있었다. 그런 일이 어찌 산책길 근처에서 이루어진단 말인가. 내가 잘못을 저지르다 들킨 것마냥 부끄러운 마음으로 얼른 백인 여인을 돌아봤다. 그녀는 끔찍하다는 듯 손으로 얼굴을 가린 채 몸서리를 치며 저만큼 가고 있었다. 그렇잖아도 외국의 어느 여배우는 보신탕 문화에 반기를 들고 한국 상품 불매 운동을 벌이고 있는데. 사람들이 오고가는 산책길 근처에서 그럴 수가 있단 말인가. 그 잔인성에 온몸이 와들와들 떨려왔다.

정신을 가다듬고 그들을 향해 한마디하려고 하니 딸아이가 말린다. 무서우니 그냥 가자는 것이었다. 꽃잎 날리는 산책길에 이런 일이 기다리고 있을 줄이야. 그것은 산책길의 복병이었다. 인생길에도 여지없이 사람을 허물어뜨리는 복병이 있듯이 참으로 비참한 복병이었다.

돌아오는 길은 조금 전까지 내 정신세계를 충만하게 했던 그런 산책길이 아니었다. 이제 나의 산책길은 생각할 때마다 그 끔찍한 장면이나 떠올릴 것이 뻔하다. 백인 여인이나 딸아이도 두 번 다시 이 길을 걷고 싶지 않을 것이다.

그 사람들은 자신의 부주의가 타인의 아름다운 정신세계에 찬물을 끼얹는다는 것을 알기나 할까.

(1999.5.)

탁족(濯足)

내가 다닌 중학교 옆에는 넓은 강이 흘렀다. 강가에는 수양버들이 양쪽으로 도열하다시피 서 있었고, 학교 뒤편에는 면사무소가 있었다. 열차가 강을 끼고 숨 가쁘게 달려와 멎는 곳에는 작은 역(驛)이 있었는데, 그곳엔 얼굴이 검게 탄 역무원 아저씨 몇 명이 교대로 근무를 했다.

우리 집이 갑자기 이사를 하는 바람에 나는 그 학교를 열차로 통학을 하게 되었다. 약 한 시간 가량 걸어가서 열차를 타고 등교를 했는데, 항상 지쳐 있어서 열차만 타면 곧잘 졸았다. 어느 날은 깜빡 졸다가 눈을 떠보니 열차는 내가 내려야 할 역에 정차했다가 서서히 출발하는 중이었다. 남학생이라면 충분히 뛰어내렸을 상황인데 나에겐 그만한 용기가 없었다. 하는 수 없이 다음 역에 내리니 아주 작고 초라한 간이역이었다. 기껏해야 한 역 거리인데 처음 가 본 그 역은 무척 낯설어 두려움이 앞섰다.

고요하고 한적한 그 간이역에 내린 사람은 나뿐이었다. 그곳에도 강이 있어 나는 역무원에게 다가가 저 강은 어디로 흐르느냐고 물었다. 다행히 그 강은 우리 학교 옆으로 흘러간다고 했다. 그 말을 듣는 순간 낯선 곳에 대한 두려움은 사라지고 마음이 강물을 따라 가다 보면 몸도 우리 학교 앞에 닿을 것 같은 반가움이 교차했다.

강가에서 운동화와 양말을 가지런히 벗어 놓고 물속에 발을 담갔다. 두 시간 후에나 돌아가는 열차가 있다고 하니 그동안 나는 낯선 곳의 풍경이나 취하면 될 일이었다. 그야말로 나른했던 일상생활에서의 대단한 탈피였다.

발을 담그고 있으니 송사리 떼가 몰려와 발목을 간질이고 미꾸라지도 가끔 돌멩이 사이를 드나들었다. 물장구를 치며 쫓아도 금방 모여드는 물고기들. 버들잎을 주루룩 훑어서 띄워주니 그것을 따라가기도 했다. 그때 나에게 고서(古書) 한 권만 옆에 있었다면 신선이 따로 없었다. 옛날 풍류를 읊던 선비들은 이런 것을 탁족이라 했다던가.

얼마쯤 지났을까. 멀리서 기적 소리가 들려왔다. 양말과 가방을 챙겨들고 역사를 향해 마구 뛰었다. 그러나 시커먼 연기를 내뿜는 화물차만 휙 지나갔다. 시계를 지니지 않아서 시간을 알 수 없는 탓이었다. 플랫폼에서 열차를 기다리며 아쉬운 마음으로 강물을 건너다보았다. 햇볕이 반사되어 강물은 수많은 보석들의 비상을 연출하고 있었다. 꿈으로 가득 찬 내 마음을 적시던 강. 지금은 어떤 소녀가 그곳에서 꿈을 담뿍 적시고 있을까. 학교를 떠난 뒤 한 번도 가보지 못한 그 강은 아직도 맑게 흐르는지 궁금하다.

『언간독(諺簡牘)』 중에 복날 청하는 편지를 보면,

"복날 더위가 심하온데 형체(兄體) 어떠 하오시니잇가. (중략) 마침 주효(酒肴)가 있삽기에 통(通)하오니 산수(山水) 좋은 곳에 가서 탁족(濯足)이나 하오면 어떠하리잇가."라는 구절이 나온다.

비록 각박한 시대이긴 하나 복날 청하는 편지가 내게라도 날아온 듯 책을 읽는 순간부터 탁족도의 그림 속에 들어가 있었다. 이경윤의 「고사 탁족도」에 고고한 선비가 되어 보기도 하고 「삼복 탁족도」의 물놀이에도 끼어보고 싶었다. 탁족의 자세로 민화(民話)라도 듣는다면 마음 하나로 행·불행이 좌우되는 인간사가 살아볼 만하지 않을까.

그 옛날 낯선 강가에서 이루어진 나의 탁족은 어떤 의미가 있었던 게 아니다. 강물이 좋았고, 수양버들 그늘이 좋았고, 어떤 별나라에서 지구행성에 잠시 마실 나온 듯한 착각이 좋았을 뿐이었다.

사람은 죽어 이름을 남기고 호랑이는 죽어 가죽을 남긴다던가. 수나라 양제는 대운하를 만들고 운하 주위에 버들을 심었다고 한다. 그래서 수나라 '수'자와 양제의 '양'자를 따서 수양버들이란 이름이 탄생했다는 것이다. 아마 지구상에 수양버들이 남아 있는 한 양제의 이름도 영원하리라. 그러나 나는 그때 키운 꿈으로 과연 어떤 이름을 남길 것인가. 탁족이나 하며 생각해 볼 일이다.

내가 열일곱 살 때 돌아가신 조부께선 여름이면 자주 탁족하는 모습을 보이셨다. 마을 앞으로 흐르는 작은 개울가에서 눈을 지그시 감고 탁족을 하시면 나는 먼발치에서 훔쳐보고 있었다. 조부의 영혼이 물과 함께 흘러가버릴 것 같아 무서웠기 때문이다. 거목 같은 위엄은 그분께 다가설 수도 없게 했다.

죽음은 삶의 한 부분일까. 조부께서 돌아가신 후, 어느 개울가에서 낯선 노인의 탁족 모습을 보았을 때 조부를 다시 대하는 듯 반가웠다. 조부께선 왜 그토록 잊혀지지 않는 탁족 모습을 남기셨는지 모르겠다. 그 일은 내가 노인이 되어 봐야 알 수 있을까 싶다.

본래 탁족이란 말은 지식인이 벼슬길에 나아가기도 하고, 물러설 줄도 아는, 처신의 신중함을 경고하는 뜻이라 한다.

"흐르는 물이 맑으면 나의 갓끈을 씻고

흐르는 물이 흐리면 나의 발을 씻는다."

'탁영탁족'이라는 고사성어인데 고고한 선비의 인품을 엿보는 것 같은 아득한 가르침이 있다.

흐르는 물과 같은 세월은 우리에게서 맑은 강을 빼앗아 갔다. 간이역에서 보았던 그런 맑고 깨끗한 강물 말이다. 가는 곳마다 혼탁해진 강을 봐야 하는 요즘 아이들은 강물이 본래부터 혼탁한 것으로 알지도 모른다. 발을 담그고픈 물을 찾아서 수십 리, 수백 리를 가야 하는 시대가 아닌가.

간이역에서 일어났던 추억을 어디서 또 만날까. 강 건너 버드나무에 매어 놓았던 송아지의 울음소리는 어디서 다시 들을까. 세상에 발 들여놓던 순간부터 더러워진 나의 발을 추억의 강가에서 탁족이나 해봤으면….

(1999.7.)

콜

휴대전화를 끈 상태입니다.

그런데도 온통 그쪽으로 신경이 가 있는 내가 너무 싫었습니다. 심지어는 다른 사람의 전화 소리에도 놀라 내 전화기를 찾느라 허둥댔으니까요. 그러다가 내 전화기의 소리가 아니라는 걸 깨닫는 순간 그 전화의 주인이 미웠습니다. 강의 시간에 전화를 켜놓다니….

절실한 기다림은 온몸의 말초혈관을 떨게 합니다. 콜의 환경에 심각한 변화가 있을 것이라 짐작하지만, 그쪽의 변화 같은 것은 생각하고 싶지 않습니다. 나에겐 콜 소리만이 전부이니까요. 아침마다 콜이 울릴 시간에 누군가가 전화를 걸어오면 불안했습니다. 혹여 콜이 통화중 신호음에 실망하여 그대로 나를 잊어버릴 것 같아서였지요. 지나고 보니 그런 일들이 내 삶의 확인이었습니다. 콜 소리로 인해 환상 속에 부유했던 나날, 그것이 영원하리라 믿었던 나는 참으로 어리석었습니다.

해양수련원에서 2박 3일 기간 중 첫날인 오늘 일정은 수필대학 개교식과 문학상 시상식, 유명 강사진들의 문학강연이 있었습니다. K 교수님의 강의는 모두들 명강의였다고 한마디씩 했습니다. 그러나 내 가슴을 울리는 것은 콜 소리뿐이었기에 좋은 강의를 놓친 결과가 되었습니다. 본관에서 행사를 마치고 숙박관으로 가려는데 비가 억수같이 쏟아졌습니다. 로비에 서서 하염없이 쏟아지는 빗줄기를 바라보고 있으니 멍청한 자신이 비로소 보였습니다. 스스로를 다스리지 못하고, 나로서 온전하지 못한 모습이었지요.

오늘 새벽 레인포켓을 뚫고 이곳 변산반도를 향해 달려왔습니다. 어쩌면 울리지도 않을 콜을 기다리며 빈방을 지키고 싶지 않았다고 해야겠지요. 혹시 내가 집을 떠나온 뒤, 콜이 빈방을 요란스럽게 울렸다면 이 길을 되돌리고 싶어집니다. 비가 억수같이 쏟아지는 차창 밖은 아득했습니다. 그때 느끼는 반란 같은 것은 차라리 쾌감이었습니다. 레인포켓도 문제가 되지 않았습니다.

저녁 식사는 이 지방의 명물 대합죽과 토속주인 팔선주(八仙酒)로 했습니다. 그리고 잠시 비가 갠 틈에 낙조라도 볼 수 있을까 하여 바닷가로 나왔습니다. 이곳 수련원은 천혜의 경관에 자리를 잡고 있습니다. 전면과 오른쪽, 그리고 뒤쪽은 푸른 바다를 끼고 있고 도로를 끼고 있는 왼쪽 수락산에서는 하얀 포말이 부서지는 폭포가 절경을 이루고 있습니다. 그것을 바라보는 이들은 감탄사를 대신한 비명을 지르곤 합니다. 그러나 아름답다는 서해의 낙조는 콜처럼 끝내 모습을 드러내지 않는군요.

바닷가 백사장엔 닳고 닳은 조약돌이 깔려 있고, 둔덕의 바위엔 세파의 구멍이 수없이 뚫려 있습니다. 그 구멍은 바위의 역사이며 아픔이며 속울음입니다. 많이 앓은 가슴속이 그럴 것이라고 생각해봅니다. 이 순간을 콜 소리와 함께할 수 있다면 하는 바람이 간절합니다. 휴대전화를 꺼내 들고 아무렇게나 숫자를 눌러 댑니다. "지금 거신 번호는 없는 번호이오니…."

그리움은 사람을 지치게 합니다. 그리움을 색깔로 나타낸다면 아마 회색일 것입니다. 그리움은 만날 수 없는 기다림이고, 기다림은 만날 수 있는 그리움이라고 하더군요. 결코 울리지 않을 것 같은 콜을 기다리며 그 말을 수없이 되뇌입니다. 혹시 갑작스레 콜이 울렸을 때, 내가 깜짝 놀라게 될까봐 미리 긴장부터 하며 언제까지나 가슴속에 품고 있어야 할 이야기 하나를 떠올립니다.

작년 초겨울 오후였지요. 시외숙부의 장례식에 가기 위해 혼자서 열차를 탔습니다. 그것이 콜의 시작이 될 줄 누가 알았겠습니까. 나에게 와닿았을 때 비로소 의미가 되어준 콜. 지금 내 앞에 놓인 단절이 두려운 것은 아닙니다. 다만 그리움으로 속앓이할 시간이 싫습니다. 앞으로 D시(市)는 콜의 발신지로 내 기억 속에서 지워지지 않겠지요.

갑자기 빗방울이 후두둑 떨어집니다. 사람들이 우루루 몰려들어

갑니다. 혼자 덩그렇게 남은 바닷가에 어둠이 밀려옵니다. 절해고도에 내동댕이쳐진다면 이렇게 허전할까요. 문득 제우스신이 판도라에게 주었다는 궤가 생각납니다. 판도라가 호기심에 그 궤를 열자 모든 재앙이 쏟아져 나왔으나 희망만은 그 안에 남아 있었다지요. 나에게 밀려오는 이 어둠 속에도 희망이 남아 있을까요?

둔덕 위의 풀숲에서 누군가가 나에게 손짓하여 부르는 것 같습니다. 드디어 나에게 콜이 온 것일까요? 이럴 때 나를 불러 주는 이가 있다는 것만으로 반가워 발길은 이미 그쪽으로 달려갑니다. 가까이 가보니 산나리꽃 몇 송이가 귀엽게 손짓을 하고 있었습니다. 애써 실망을 감추며 콜을 기다리지 않으리라 맹세합니다. 그런데 왜 갑자기 눈앞이 흐려질까요.

풀숲에서 귀뚜리 소리가 들려옵니다. 파도 소리 철썩이는 바닷가에 귀뚜리의 울음은 묘한 여운을 남깁니다. 그 울음이 차라리 콜 소리로 들린다면 잠시 뒤에 올 실망도 잊고 이 순간을 소중히 여기겠습니다.

"울어라. 울어라. 귀뚜리야! 밤새도록 울어라."

(1999.8.)

정점을 향하여

주왕산이 가까워 오자 약간의 불안감이 고개를 들었다.

그동안 가까운 산행이 고작이었던 내게 이번 산행은 심히 부담스럽기까지 하다. 전문 산악인들과 간다는 것도 그렇고, 정오부터 저녁 일곱 시까지 산행 예정 시간이라고 하니 체력적으로도 무리일 것 같았다. 약속된 시간 안에 정해진 코스를 가려면 회원들과 보조를 맞춰야 하는 것이 내가 불안해하는 이유다.

정오쯤 버스는 영덕군 지품면에 우리를 짐짝처럼 내려놓고 휑하니 가버렸다. 저녁때 우리가 하산할 장소인 주왕산 관리 사무소 주차장을 향해 가는 것이라고 한다. 산행에 자신이 없는 몇몇 사람들은 바로 주왕산 관광을 하겠다며 그 버스를 타고 함께 가버린다. 나도 주왕산 관광을 택할까, 아니면 힘 드는 주왕산 왕거암 산행을 택할까 하고 잠시 고민을 했다.

선택은 언제나 최선이어야 하고, 행동은 또 선택을 따르기 마련 아닌가. 최소한 산행에 있어서만큼은 쉬운 쪽으로의 선택이 타인에게 최선이었다는 인상을 심어주지 못할 것이다. 그런 생각이 마음은 버스를 따라가면서 몸은 산행을 택하게 했다.

준비를 마친 대열은 산행 대장의 재촉에 따라 발걸음을 옮긴다. 텅 빈 들판이 메마른 가슴처럼 무미건조하다. 잎사귀를 다 떨구어 낸 감나무는 앙상한 가지마다 홍시를 주렁주렁 달고 있다. 추수 때를 놓친 감나무엔 농부들의 아쉬운 마음도 함께 매달려있는 듯하다. 이미 포기해 버린 감이니 욕심을 부려도 괜찮을 것이라는 생각에 침을 삼킨다.

선봉대장과 후미대장의 인솔에 따라 들판을 가로질러 구릉지로 오른다. 개간지의 버려진 밭둑을 지나기도 한다. 가을이 스쳐간 자리에 웃자란 풀잎들이 누렇게 부황 든 모습이다. 한때 잘살아 보겠다고 개간했던 밭을 이제 살만해졌다고 버린 것이다. 사람은 얼마나 쉽게 망각하는 존재인가.

길도 없는 낙엽 쌓인 계곡을 타고 오르는데, 갑자기 호루라기 소리가 요란하다. 길을 잘못 들었으니 되돌아가자는 것이다. 그 바람에 선봉이 후미가 되고, 후미가 선봉이 되는 우스운 일이 벌어졌다. 그 광경은 줄만 잘 서면 쉬운 길도 있을 것 같은 우리네 인생길과 흡사하다.

낙엽더미에 발이 빠져 엎어지며, 나무 가지에 긁히며, 우리는 위로 또 위로 올라갔다. 아무도 쉬어 가자는 말을 하지 않는다. 그렇다고 내가 먼저 쉬어 가자는 말을 꺼내기는 싫다. 산봉우리 하나를 넘고서야 각자 싸 가지고 간 점심을 먹었다. 빨리 먹고 출발하자는 산행대장의 말에 아무도 불평을 하지 않는다. 목적지까지 가려면 정해진 시간이 너무 빠듯하다는 걸 알기 때문이다.

산봉우리 몇 개를 넘었다. 쉬지 않고 몇 시간을 걷고 나니, 오르막길에선 발자국마다 고통이 따른다. 부부끼리 온 사람들은 남편이 뒤처지면 아내가 기다려 주고, 아내가 처지면 남편이 기다렸다가 등을 밀어준다. 임원진은 낙오자가 생기면 그의 배낭까지 받아 메고 간다. 사람이 살아가는 참모습이다.

산허리를 휩쓸고 다가오는 바람을 받으며, 많은 사람들이 지나갔을 이 산길. 나는 너무 지친 나머지 그 자리에 주저앉아 무의식 상태이고 싶었다. 무의식은 가끔 내 지각의 영역으로 침입해 오는 산의 숨소리에 조금씩 문을 열어주면 될 일이었다. 산새들의 맑은 언어에 우리 일행들의 투박한 언어는 차라리 소음이었다.

해발 915미터의 왕거암을 오르기 위해 우리는 크고 작은 산봉우리와 능선을 얼마나 걸었는지 모른다. 그렇게 오른 왕거암 정상은 아래로 많은 봉우리를 거느린 채 의연하다. 석양도 쓸쓸히 넘어갈 준비를 하고, 우리도 왕거암에서 하산을 서둘러야 했다. 오르막이 있다가도 또 내리막길이 있는 인생길. 지금의 내가 도달해야 할 인생의 정점(定點)은 어디쯤일까.

정상에 오른 뒤의 하산 길은 콧노래가 절로 나온다. 석양을 받은 단풍은 더욱 곱게 다가온다. 단풍잎 몇 개를 주워 주머니에 슬그머니 넣었다. 땅에 떨어져 다시 나무의 자양분이 될 단풍잎은 그곳에서 더욱 빛이 나리라. 단풍잎을 다시 꺼내 있던 자리에 살며시 던져 놓았다.

계곡을 만나자 사람들은 손을 씻으며 그 물을 손으로 떠 마셨다. 물맛이 좋다고 모두들 한마디씩 한다. 우리는 늘 이렇게 자연에게 빚지고 산다. 그러나 우리가 자연에게 해 줄 수 있는 것은 무엇인가.

주왕산 내원동으로의 하산 길은 제법 어둑어둑했다. 하늘에 별도 총총 나와 있다. 예전에는 화전민이나 살았을 성싶은 내원동에 들어서니 개 짖는 소리가 몹시 반갑다. 몇 시간 동안 산 속의 적요에 익숙해 있던 내 귀에 그 소리는 긴 터널을 빠져 나온 뒤에 맞는 환희의 전주곡 같다. 버스에 올라 지친 다리를 주무르며 긴 산행을 되돌아본다.

오늘은 나의 정점을 향하여 얼마나 걸었을까.

(1998.11.)

사랑의 고리

먼 길을 오신 시어머니는 보따리를 풀어놓고 습관처럼 안방을 들여다보았다. 여느 때처럼 정돈되어 있어서 며느리의 일상을 엿보는 듯 기분이 좋았다.

그때, 화장대 앞에 놓인 남자 바지와 허리띠에 눈길이 갔다. 어머니는 자신의 눈을 의심했다. 며느리와 대학생인 손녀, 그리고 중학생인 손자까지 세 식구가 사는 집에 남자의 바지가 있을 리 만무했다. 부들부들 떨리는 손으로 바지를 집어 들고 자세히 살펴보았다. 틀림없는 남자 바지였다. 믿는 도끼에 발등 찍힌 기분이었다. 죽은 아들만 불쌍하다는 생각에 그만 눈물이 왈칵 쏟아졌다.

아들은 손자가 초등학교에 입학하던 해에 세상을 떠났다. 그동안 며느리는 아이들을 잘 챙기며 맏며느리 역할도 잊지 않았다.

작은 가게를 꾸리면서 살림살이도 여전히 빈틈이 없이 해냈다. 그래서 저희 내외 중, 어느 하나가 죽어야 할 운명이라면 아이들에겐 어미가 살아있는 편이 나을 것이라고 위안을 삼기도 하였다.

그런데 안방에 외간남자의 바지와 허리띠라니. 갑자기 손자 손녀가 측은하기까지 했다. 이런 맹랑한 것을 믿고 아이들을 맡겨두었으니 가슴을 치고 싶을 뿐이었다. 거실 바닥엔 어머니가 풀어놓은 여러가지 잡곡 봉지들이 올망졸망 널려 있었다. 팥, 검정콩, 참기름, 고춧가루, 거피한 들깨가루 등. 이렇게 싸다주면 하나도 버리지 않고 살뜰히 갈무리하며 먹는 며느리가 기특해서 무엇이든 더 갖다 주고 싶어 안달이었다. 다른 자녀들은 잡곡을 갖다 주면 벌레가 먹거나 썩혀서 버리기 일쑤여서 당신의 성의가 무시되는 것 같아 마음이 상했던 것이다.

어머니는 비틀거리며 일어나 잡곡들을 다시 가방에 쑤셔 넣었다. '내가 왔던 흔적도 없이 가리라.' 하며 벗어 놓았던 웃옷을 걸쳐 입었다. 저네들 사는 모양이 보고 싶어 몇 시간을 달려왔건만, 막상 그냥 떠나려고 하니 손자 손녀가 보고 싶었다. 손녀의 방문을 열어보았다. 책상 위에서 손녀의 사진이 쌩끗 웃는다. 손자의 방은 덜렁대는 성격만큼이나 어수선했다.

몇 년 전 이 아파트에 입주할 때, 난생처음 둥지가 생기는 것을 며느리와 아이들이 얼마나 좋아했던가. 넉넉지 못한 집으로 시집와서 한 가족을 이루고, 집 한 칸 마련하려고 허리띠를 졸라맸을 며느리를 생각하면 애처롭기도 했다. 여자는 허리띠를 잘 풀어야 한다는 말이 있다. 이 말은 배우자 선택을 잘하라는 뜻도 될 것이고 정조관념을 강조하는 뜻도 될 것이다. 아들을 가슴에 묻고 보니 허리띠만 보면 며느리 인생이 생각났다. 이런 저런 갈등의 대명사였던 허리띠가 이 순간엔 아주 흉물스럽게 느껴졌다. 며느리가 애처롭던 마음도 한순간에 분노로 바뀌었다. 가방을 챙기고 경비실에서 받아온 열쇠를 가지고 일어서려는 참이었다. 현관문에서 "찰칵!" 하고 금속성이 울리더니 손자가 들어왔다. "할머니 오셨어요?" "오냐 학교 갔다 오니?" 대답을 듣는 둥 마는 둥 하고 대뜸 손자의 손목을 잡고 안방으로 갔다. "이 바지와 허리띠 누구 거냐?" "제거예요." 순간 어머니는 아무리 생각해 봐도 선뜻 이해가 되질 않았다. "애야 이건 어른 것인데?" "아니에요. 제 교복 바진데 꿰맬 곳이 있어서 엄마 방에 갖다 놨어요." "이 허리띠는?" "그것도 엄마가 중학교 입학 선물로 사 주셨어요." 그제서야 어머니는 허겁지겁 바지를 손자의 허리에 갖다 대 보았다. 아직 어린아이라고 생각했는데 키가 훌쩍 커 있었다. 더구나 삼 년 동안 입힐 요량으로 바지를 크게 맞춘 모양이었다.

"하하하 흐흐흐 허허허."

어머니는 웃음을 참을 수가 없었다. 훌쩍 커버린 손자가 대견하기도 했고, 어린것을 이만큼 키워 놓은 며느리를 오해했으니 부끄럽기도 했다. 오해란 어떤 대상을 나쁜 쪽으로 몰고 가기 위한 도화선이었다.

기쁨인지 처연함인지 모를 웃음을 참지 못하고 있으니 손자가

"할머니 왜 그러세요?" 했다. "오냐! 우리 강아지 키가 너무 많이 커서." 하며 손자를 끌어 당겨 한없는 애정으로 엉덩이를 토닥여 주었다. "우리 반에서 제 키가 제일 큰 걸요." 하며 변성기의 목소리로 은근히 자랑을 하는 손자의 말을 들으며 어머니는 가방에 쑤셔 넣었던 잡곡들을 다시 꺼냈다. 그리고 손자의 바지를 사랑으로 꿰맸다.

그날 저녁 가게 일을 마치고 늦게 집에 오니 어머니께선 나에게 이 이야기를 가볍게 하셨지만, 잠시 동안 얼마나 애를 태웠을지 짐작이 간다. 나는 결혼한 지 5년 만에 딸을 낳았고, 다시 여섯 해를 기다려 아들을 낳았다. 그동안 손자를 보지 못해 속으로는 근심을 많이 하셨다. 미신을 좋아하지 않는 어머니께서 손자 보기를 염원하여 점쟁이를 찾아가 푸닥거리까지 하고, 며느리에게 온갖 약을 해다 주시면서도 싫은 내색 한번 하지 않으셨다. 시아버지 연세 칠십에 우리 아들이 태어났으니 그 심정이 오죽하셨겠는가. 나의 부족한 부분은 늘 그렇게 어머니께서 내리사랑으로 덮어주셨다. 그 사랑이 어머니와 나와 가족이 될 수밖에 없는 길고도 질긴 연결 고리였다. 러브체인처럼 줄줄이 엮이는 고리.

가족이란 끈끈한 사랑의 고리다.

(2000.3.)

촛불을 켜리라

베스트셀러 목록은 대형서점에서 작성하는 것이라 한다. 대체로 소설류가 베스트셀러 자리를 압도적으로 차지한다고 들었다. 1950년대에는 정비석의 『자유부인』, 1970년대에는 최인호의 『별들의 고향』이 베스트셀러였다.

1970년대의 작품 중에 내가 최고로 좋아하는 인기 순위 1위는 우리 서랍장에 고이 간직되어 있다. 이것은 누구에게 빌려주고 싶지도 않고, 책장에 꽂아 놓기도 싫다. 안방 서랍장에 깊숙이 넣어 두었다가 가을밤에 촛불을 밝히고 혼자 읽고 싶다.

내 나이 스물한 살 때부터 시작해서 일 년 동안 어느 복학생이 보낸, 아직도 살아서 숨 쉬는 듯한 사연이다. 얼굴도 모르는 사람과 나누는 사연이 서로에게 얼마만큼 진실할 수 있는 것인지 내기라도 하듯 보내고 또 보냈다. 그렇게 일 년 동안 내가 받은 편지는 자그마치 팔십여 통이다.

칠십 년대에 열병처럼 퍼져 나가던 학생데모, 피 끓는 청년이라면 유신정권 반대에 한번쯤 뛰어들지 않을 수 없었던 그 시절. 데모의 주동자로 강제 입대 당해 감시와 멸시의 숱한 고생 끝에 제대, 그리고 복학, 복학은 했으나 피할 수 없는 당국의 감시로 괴로워했던 사람이다. 조실부모하여 중학교 때부터 조부 밑에서 자랐고, 그래도 열심히 공부해서 호랑이 마크의 경영학과를 따냈다고 순진하게 자랑하던 사람. 군복무 중, 조부마저 돌아가셔서 늘 가족과의 따뜻한 이야기가 그립다고 했다.

그래서일까. 그가 보낸 편지의 내용도 정에 굶주린 사람의 독백에 가까웠다. 작게는 편지지 석 장에서 많게는 열네 장으로 된 그의 독백은 나를 물처럼 적시고 바람처럼 흔들었다. 나 역시 어머니를 여의고 몹시 불안정한 상태에서 이야기 상대가 그리웠는지도 모른다. 다른 친구들에 비해 동떨어진 나의 환경은 스스로 친구를 멀리하고 있었다. 어머니의 죽음은 홀로 허허벌판에 세워진 느낌이었다. 어린 동생들은 나에게 버거운 짐이었다. 막중한 책임은 오히려 좌절을 불러일으켰다. 그때 와 닿은 그의 편지는 빈약한 내 영혼에 청량제가 되기에 충분했다.

마음 붙일 곳을 몰라 방황하는 사람에게 따뜻한 말, 따뜻한 정은 천금과 같다. 말 한마디로 천냥 빚을 갚는다는 속담이 있지 않은가. 우리는 얼굴도 모르는 채, 서로 위안 받을 수 있다는 것만으로 감사했다. 나는 그때 유난히 글씨를 작게 써서 내가 보낸 편지를 받으면 그는 "깨알 같은 글씨를 코앞에 놓고 큰절을 한 번 하고 읽는다."고 했다. 그는 그토록 편지를 기다렸던 모양이다. 편지를 받을수록 더 받고 싶어서 애태웠던 나는 절실하게 기다리는 대상이 멀리 서울 하늘 밑에 있다는 것만으로 기쁨이었다.

그때 우체부는 매일 오전에 우리 집 앞을 지나갔는데, 우체부가 지나갈 시간이 다가오면 나는 유리창 앞에 서서 창 밖을 내다보고 있었다. 우체부의 자전거 핸들이 우리 집 쪽으로 꺾어지면 쫓아 나가서 편지를 받아 허둥지둥 개봉을 했다. 어쩌다가 편지가 와야 할 날짜에 오지 않으면 그날은 온종일 안절부절못하였다. 혹시 몸이 편치 않은 걸까. 아니면 '나'를 잊어가고 있는 것일까. 온갖 상념으로 혼란스러웠다. 전화가 흔하지 않던 때라 무작정 편지만을 기다려야 했던 시간들.

편지를 주고받은 지 일 년이 되어갈 무렵, 그는 문득 나를 보고 싶은 마음에 중앙선 열차를 탔다고 했다. 막상 안동에 도착하고 보니 용기가 나질 않아 그냥 돌아섰다는 것이었다. 아마 그가 나를 찾아왔더라도 나 역시 매사에 자신이 없을 때라 피했을지도 모른다. 보고 싶은 마음에 여러 시간을 달려왔고, 또 그냥 돌아서야 했던 그의 마음이 헤아려지기에 나는 그 편지를 가슴에 안고 한참을 떨었다.

편지를 주고받으며 마음을 열고, 열린 마음은 풍부한 언어를 만드는 것일까? 나는 그의 뛰어난 문장력에 감격하면서 아마도 그 사람은 가슴도 뜨거울 거라고 짐작했다. 뜻하지 않게 나의 갑작스런 결혼으로 편지를 주고받던 일은 일 년 만에 끝났다. 그러나 편지의 내용들은 함부로 할 수 없는 무엇이 있기에 시집올 때 보물처럼 싸 가지고 왔다. 그 사람 얼굴을 모르니 편지를 간직한다 해서 남편에게 크게 미안할 것도 없었다. 더욱이 그에게 마지막으로 보내는 편지는 나의 신혼방에서 써 가지고 남편에게 부치게 했던 것이다. 맞선보고 열흘 만에 결혼을 했으니 마지막 편지를 쓸 여유가 없었고, 시댁이 시골이라 외출이 쉽지 않아 장에 가는 남편에게 편지를 부쳐 달라고 부탁을 했었다. 흔쾌히 부탁을 들어주던 남편도 훗날 그의 편지를 내가 없을 때 슬쩍슬쩍 읽는 눈치였다.

편지도 문학이다. 모든 문학의 근원이 편지가 아닌가 싶다. 그 편지들은 이십 년이 넘게 나와 함께하며 때로는 위안을, 때로는 그리움을 안겨 주었다. 내가 문학에 발을 들여놓은 것도 조금은 그 영향을 받지 않았을까 한다.

통신 문화의 발달로 지금은 누구나 전화 한 통화로 사랑을 속삭일 수 있다. 깊은 사연이든, 짧은 사연이든 뜸들이며 써 부치고 며칠 동안 답신을 기다릴 필요가 없다. 한국의 빨리빨리 문화는 전화 때문이 아닐까. 서정성이라곤 찾을 수 없는 전화가 있고, 컴퓨터 모니터에 이메일이 뜨는 한 다시 옛날처럼 긴 편지를 쓸 것 같지 않다.

오늘 밤 나는 또 서랍장을 열고 오랜 세월 동안 누렇게 바랜 편지를 꺼낼 것이다. 그리고 촛불을 켜리라.

돌나물

시어머니께서 콩 씨앗을 챙겨들고 들에 가실 차비를 하셨다. 나도 돌아올 열차 시간까지 여유가 있어서 따라 나섰다. 어머님은 골을 타고, 나는 씨앗을 뿌렸다. 아침 햇살도 콩 씨앗과 함께 골 속에 묻으며 촌부가 된 기분이었다.

씨앗을 다 뿌리고 난 뒤 어머님은 밭둑에 있는 돌나물을 뜯으라고 하신다. 돌나물을 좋아하는 나를 위해 하시는 말씀이다. 나물을 채취할 때 뿌리째 채취하는 것은 캔다 하고, 잎이나 줄기만 채취하는 것은 뜯는다고 한다. 나는 이 뜯는다는 말을 참 좋아한다. 다래끼를 메고 들녘을 누비던 어린 시절이 떠오르기 때문이다.

어머님은 "돌나물은 간(肝)에 좋다고 하던데 많이 뜯어라." 하신다. 간이 부실하여 병원을 들락거리니 하시는 말씀이다. 밭둑에 어머님과 마주앉았다. 두런두런 이야기를 나누며 돌나물을 뜯고 있으니 금방 시집왔을 때의 일이 생각난다. 봄이면 돌나물, 돌미나리, 냉이를, 여름엔 참비름, 도트라지, 가을엔 고들빼기를 캐서 밥상에 올렸다. 시동생은 형수님 손만 가면 못 먹는 나물이 없다고 놀려댔다. 시댁 식구들은 무엇이든 내가 해 놓으면 맛있다고 했다. 그 재미에 끼니때마다 색다른 반찬을 올리고 싶어 조바심쳤다. 그런 조바심이 조미료가 되었을까. 나에게 시댁 밥은 달고 맛이 있었다.

어른들 말에 의하면 조손(祖孫)간에는 겸상을 할 수 있어도 부자(父子)간에는 겸상을 할 수 없다고 했다. 그래서 아버님 진짓상은 따로 올리고, 나머지 식구들은 두레상에 차렸다. 어느 날 식사 중에 아버님이 "자식 입에 밥 들어가는 것과 내 논에 물들어 가는 것은 볼수록 사랑스럽다고 하더라." 하시며 나에게 많이 먹으라고 하셨다. 그 후로 나는 많이 먹는 것이 어른들을 기쁘게 하는 일인 줄 알았다.

방금 씨앗을 넣은 이 작은 밭은 아버님이 젊었을 때 손수 일구었다고 했다. 가끔은 밭둑에서 자라던 돌나물이 이랑을 차지해도 아버님 손에 가꾸어지는 곡식은 낟알이 토실토실 영글었다. 고추·고구마·콩·들깨 등 개간지의 척박한 땅에서 잘 자라는 작물을 골라서 때를 맞추어 파종을 했고 아기 돌보듯 정성을 다했기 때문이리라. 아버님이 돌아가신 뒤로 낟알은 사람을 알아보는 것 같았다.

건너편 산을 쳐다보니 아버님 산소가 보인다. 그분만큼 욕심 없는 분은 여태 보지 못했다. 쌓아 놓은 곡식가마니에 쥐가 들락거려서 걱정을 하면 쥐도 먹고살아야지 하셨고, 물건을 살 때 값을 깎지 않는다고 말할라치면 장사꾼도 이익이 남아야지 하셨다. 일제강점기와 한국전쟁을 치르며 가난하고 척박한 시대를 살면서도 돌나물처럼 순하게 사셨던 분이다.

아버님 산소 아래에는 남편의 무덤이 있다. 칠 년 동안 나는 아이들을 키워 놓았지만, 남편은 무덤 위에 풀만 키워 놓았다. 의성김씨 가문에 시집와서 크게 잘한 일도 없지만 못한 것도 없다고 생각했는데 남편을 일찍 보내고 보니 죄인이 된 느낌이다. 돌나물은 척박한 땅에서 뜯어도뜯어도 다시 돋는 식물이다. 태곳적 바다속에서 어떤 세포가 생성되어 인간의 모습으로 진화되고 남편을 거쳐 내 아이들까지 면면히 이어오는 과정은 돌나물의 생명력이 아닌가.

이 산, 저 산에 아까시꽃이 만발하였다. 뻐꾸기는 천만 년 그리워한 임이라도 만난 듯 아까시꽃만 피면 서럽게 운다. 뻐꾸기는 산란기를 맞으면 수컷을 부르느라 그렇게 슬피 운다. 어머님이 내 눈치를 슬쩍 보시더니 엉뚱한 말씀을 하신다. "올해는 날씨가 너무 가물어서 아까시꽃에 꿀이 없단다." 아마도 나에게 꿀을 나누어주지 못하는 시동생을 대변해서 하시는 말씀인 듯싶다.

몇 해 전 일이다. 시동생이 기르는 벌통 앞에 벌들이 많이 쓰러져 있었다. 이유를 물어 보니 아까시꽃에 꿀이 너무 많아서, 벌들이 욕심을 부려 너무 많이 물어오다가 벌통 앞에 와서 쓰러진 것이라 했다. 그러나 얼마쯤 시간이 지나니 벌들은 툭툭 털고 일어나 물고 온 꿀을 비우고 또다시 가지러 가기를 반복했다. 벌들도 많은 꿀을 보니 욕심이 동했던 모양이다. 미물에게도 그런 욕심이 있었다니 조물주의 뜻은 알다가도 모를 일이다.

콩 씨앗을 담았던 바가지엔 어느새 돌나물로 가득하다. 오월이면 돌나물도 꽃을 피운다. 별 모양을 닮은 연노랑 꽃이 몹시 앙증맞다. 자잘한 꽃을 수없이 피워 짜그르르한 웃음을 피운다. 그렇다고 화려하거나 선뜻 눈에 뜨이지도 않는다. 눈여겨보는 이 없어도 꽃이 지는 날까지 방싯거린다.

온실 재배가 성행하고부터는 채소도 제철이 없다. 쑥이나 돌나물도 재배를 한다고 들었다. 나물을 좋아하지만, 온실에서 재배된 나물은 싫다. 들판을 누비는 햇볕과 공기와 바람을 받지 못한 나물은 특유의 향기를 잃었기 때문이다.

돌나물은 수분이 많고 여려서 조심스럽게 다루지 않으면 풋내가 나기 십상이다. 집에 와서 돌나물을 고이고이 씻어서 건진다. 풀물을 끓여서 식히고, 마늘과 붉은 고추를 갈아서 넣고, 김치 국물을 만든다. 약간의 실파와 돌나물을 항아리에 담고 국물을 자작하게 붓는다. 마침 중학생인 아들이 학교에서 돌아왔다. "할아버지 제사 잘 지내고 오셨어요?" 한다. 뿌리 챙기기다.

돌나물이 또 나고, 또 나는 까닭을 알 것 같다

(2001.5.)

묘비

국방부에서 잃어버린 훈장 찾아주기 운동을 벌이고 있다고 했다. 듣고 보니 전상(戰傷)의 후유증으로 힘겨운 삶을 사신 아버지께는 어떤 훈장이 주어졌을까 궁금했다. 어릴 때 어머니가 가끔 들려주신 아버지의 무용담과 훈장 이야기는 크면서 잊어버렸기 때문이다.

육군본부에 연락을 했더니 매우 새로운 소식을 알려주었다. 아버지는 화랑무공훈장 수혜자이며, 한국전쟁 당시 전사하여 동작동 국립묘지에 묘비까지 있다는 것이었다. 그리고 "이분 앞으로 연금이 나갔을 텐데요?"라며 한마디 덧붙였다. 연금이라니 이게 무슨 자다가 봉창 두드리는 소린가. 아버지는 1950년 스무 살에 입대를 하여서 스물일곱 살에 제대를 하셨고, 49세에 세상을 뜨셨다. 그런데 연금은 무엇이고 묘비는 또 어찌된 일인가.

7월의 어느 날, 확인차 남동생과 함께 동작동 국립묘지를 찾았다. 동쪽 14열에서 '1951년 11월 양구전투에서 전사'라고 쓰여 있는 아버지의 묘비를 찾았다. 잊혀진 사람이 나타나듯 그렇게 홀연히 모습을 드러냈다. 반세기 동안 한 번도 찾는 이가 없었던 외로운 묘비. 아버지조차 거기 묘비가 있다는 사실을 모르고 가셨으니 안타까울 뿐이다.

외삼촌은 그때의 일을 잘 알고 계실 것 같아 찾아뵙고 아버지의 무용담을 다시 들었다. 아버지는 양구전투 당시 수색대에 계셨다고 했다. 하루는 정찰을 나갔다가 적군에 발각되어 몇 발의 총을 맞고 쓰러지셨다. 소속부대는 멀리서 망원경으로 그 상황을 지켜보고 있다가 아버지가 죽은 줄 알고 그냥 철수를 해버렸다. 아버지는 피를 많이 흘렸을 때의 그 엄청난 갈증을 물에 적신 수건을 입에 물고 오로지 살기 위해 참아내셨다. 민가에서 며칠 만에 깨어나서 귀대를 하셨는데, 그렇게 많은 피를 흘리고도 어떻게 살아났는지 아버지 스스로도 기적이라고 하셨다는 것이었다.

그때는 우리가 태어나기 전이었다. 아버지보다 한 살 아래인 어머니는 딸린 자식 하나 없이 전사통지를 받았다. 다행히 아버지는 다시 살아났지만 여러 번 죽을 고비를 넘기는 와중에 정신질환을 얻으셨다. 사람은 고통이 극에 달하면 기절하지 않으면 미친다고 하지 않던가.

그 후 아버지는 마흔한 살에 가산을 정리하여 면소재지에 작은 전파상을 냈다. 그런 일로 신경을 많이 쓰신 탓인지 군대에서 얻은 정신병이 재발을 했다. 그것이 어머니께는 시련의 시작이었다. 정상일 때는 아주 엄격하고 빈틈없는 분이 병만 재발하면 온 가족에게 폭력을 쓰며 잔인해졌다. 어머니가 갖은 약을 쓰며 고쳐놓으면 3년 주기로 재발을 하여 가게도 흐지부지 없앴다. 결국 어머니가 생계를 꾸리다가 병을 얻어 마흔네 살에 생을 마감하셨다. 4년 후, 아버지도 철창이 쳐진 정신병요양원 독방에서 어머니를 따라가셨다. 타는 줄도 모르게 서서히 타 없어지는 촛불, 두 분은 주위를 밝히기 위해 그렇게 촛불이 되셨다.

나에겐 아버지에 대해 좋은 기억보다 무서운 기억이 더 많다. 애틋한 정이라곤 없어서 요양원에서 돌아가셨다는 소식을 듣고도 눈물이 나오지 않았다. 어떤 죽음 앞에 그 자식만큼 뜨거운 눈물을 흘려 줄 사람이 어디 있겠는가. 나는 자식으로서의 도리를 다하지 못한 셈이다. 그러나 국립묘지의 묘비 소식을 들었을 때는 그동안 억눌린 감정이 폭발하듯 통곡이 터져 나왔다. 가족은 부모로서의 도리, 자식으로서의 도리를 다하며 사는 공동체가 아닌가. 우리 가족은 서로가 그 도리를 다할 수 없었다.

한 번씩 병을 앓고 나면 기력이 쇠진하여 몰골을 차마 바라볼 수 없을 지경이었던 아버지. 그 기력을 찾기까지 또 얼마나 아랫목 신세를 지셔야 했는지 모른다. 어쩌면 그렇게 사시는 것보다 전쟁 당시의 죽음에서 다시 깨어나지 말았어야 아버지께는 더 영광된 죽음이 아니었을까. 그랬다면 우리 오 남매는 태어나지 못했을 것이다. 어쩌면 당신의 핏줄을 남기려고 전쟁터에서 죽을 고비를 넘기며 어렵게 살아오셨는지도 모르겠다.

아버지의 묘비가 국립묘지에 서게 된 것은, 아마 전사통지를 보낸 당시의 서류가 전쟁통이라 정리되지 않았던 것 같다. 그렇지만 육체적 장애는 유공자로서의 혜택이 있고, 정신적 장애는 증명할 길이 없으니 아무 혜택도 없다는 것은 서글프다. 나도 이제 와서 무슨 혜택을 바라는 것은 아니다. 다만 아버지의 유골을 국립묘지에 묻고 싶을 뿐이다.

그 절차를 알기 위해 다시 육본에 전화를 했다. 대답인즉 화랑무공훈장 수혜자도 국립묘지에 묻힐 자격은 있지만, 1997년 이후 사망자만 가능하다는 것이다. 나는 "무슨 법이 그러냐?"고 따졌다. 이유인즉, 동작동 국립현충원에는 묘지가 부족하여 전쟁 이후에 사망한 유공자는 묻힐 수 없었다고 한다. 대전 국립묘지가 조성되면서 1997년 1월 1일자로 법이 그렇게 바뀌었다는 것이다. 나는 없는 자리를 내놓으라는 것이 아니다. 기왕 현충원에 아버지의 묘비가 있으니 그 자리에 부모님 유골을 묻게 해 달라고 했다. 담당자는 이런 전례가 없어서 곤란하다며 대답을 회피했다.

젊은이의 넋이 어우러진 7월의 국립묘지. 나라를 위해 죽은 그 수많은 묘비 앞에 서니 만감이 교차하였다. 병 때문에 어쩔 수 없었던 아버지를 철없이 원망했으니 사죄하는 마음에 자꾸만 눈시울이 뜨거워졌다. 이제 와서 후회의 눈물이 무슨 소용인가. 누구의 유골이 묻혔는지 알 수 없는 아버지의 묘비 아래 어떻게 하면 부모님의 유골을 묻을 수 있을까. 나는 장문의 편지를 육군참모총장 앞으로 보냈다.

(2001.7.)

감은사여

토함산 산자락을 끼고 달리면, 그 경치가 아주 절경이다. 길가에는 경주 시민의 식수원인 보문 호수가 있고, 보문 호수의 수위 조절을 위해 만들었다는 덕동 호수도 넉넉하게 자리 잡았다.

감은사지는 부산에서 두 시간 가량이면 갈 수 있는 거리다. 혼자서 상상하며 참으로 가고 싶었던 길인데 몇 번이나 별러 발걸음을 놓았다. 미끈하게 포장된 도로와 산뜻하게 뚫린 터널이 낯선 객의 마음을 더욱 사로잡는다. 연록의 잎새들은 우리를 반기기라도 하는 듯 나풀댄다. 산과 계곡, 풀과 나무 그리고 호수는 오위 일체다.

이정표만 보고 달리는데 이견대(利見臺)라는 정자가 앞을 가로막는다. 초행길이라 감은사지를 지나쳐 버린 것이다. 우리는 이견대에 올라서서 문무대왕릉으로 알려진 대왕암을 관망했다. 사람들은 동해바다를 한 번쯤 가보고 싶은 곳으로 동경하고 있지만, 문무대왕은 죽어서도 나라를 지키겠다는 일념으로 자신이 죽으면 동해바다에 장사 지내게 했다고 한다. 갈매기들은 해중릉의 지킴이인 듯 옹골차게 깃을 펼치고 주위를 맴돈다.

이견대에서 감은사지는 그리 멀지 않다. 되돌아오며 무심히 오른쪽으로 눈길을 주고 있으면 두 개의 삼층석탑이 나타난다. 다른 곳의 석탑과 달리 상륜부에 긴 철제 찰주가 꽂혀 있기 때문에 금방 눈에 띈다. 차창 밖으로 탑을 발견하는 순간, 마치 사랑하는 이와의 상면을 앞둔 것처럼 가슴이 뛴다. 한낱 돌덩이가 왜 그렇게 반가울까. 이 석탑에 대한 많은 글과 이야기를 들으며 나도 모르게 그리움을 키우고 있었던 모양이다.

절터 뒤쪽 한 귀퉁이엔 듬직한 고목나무 한 그루가 서 있다. 언제부터 그 자리를 지키고 있었는지 한 그루가 두 갈래로 서 있는 모습은 마치 암수가 서로 바라보기만 하는 듯 애달프다. 석탑은 금당 터 앞쪽에 동서(東西)로 나뉘어져 있다. 약 십삼 미터의 높이에, 웅장하고 고색창연한 탑을 올려다보니 1300년이란 세월이 이끼로 말해준다. 육중하지만 금방이라도 새가 되어 날아갈 것 같은 날렵함과 애련한 모습은 가슴 뭉클한 이야기 한보따리 풀어놓을 것 같다.

비록 빈 터이지만 문무대왕의 의지와 신라의 숨결이 아직도 주춧돌로 꼭꼭 박혀 있다. 석탑을 보면 감은사의 위용(威容)이 가히 짐작된다. 감은사는 문무대왕이 삼국을 통일한 뒤 왜구의 침략을

막고자 절을 짓기 시작하여, 그 아들 신문왕 2년(서기 682)에 완성했다고 한다. 신문왕은 부왕의 은혜에 감사하는 마음으로 감은사라 이름 지었다. 용이 된 부왕이 드나들 수 있도록 감은사 금당 밑에 특이한 구조의 공간도 만들어 두었다. 그것은 부왕의 뜻을 받들려는 신문왕의 의지가 느껴지는 부분이다. 그때는 감은사 앞에까지 바닷물이 들어왔다고 하니 석탑은 동해를 지키는 사령탑 역할을 톡톡히 해냈으리라.

절터엔 시름에 겨워 이리저리 눕는 잡초들만 질펀하다. 클로버꽃도 무리를 이루어 피었다. 만약 겨울에 이곳을 찾았더라면 얼마나 황량했을 것이며, 가을이었으면 또 얼마나 쓸쓸했을 것인가. 사라진 감은사의 존재는 이곳을 찾는 사람들에게 계절마다 다른 감상으로 젖게 했을 것이다.

오월의 지열이 후끈 달아올라 훈풍이 분다. 까치 한 쌍이 탑 옥개석 위에서 종종걸음친다. 풀꽃들의 잔치에 나비가 날아들고 산새까지 지저귀니 허전한 한편 흐뭇한 정경이다. 근처의 논에서 경운기 소리만 절터의 정적을 깬다. 그 힘찬 소리가 만물에 힘을 싣는다.

탑의 기단부에 살며시 손을 얹어본다. 천년의 역사가 내 손안에 드는 듯 뿌듯하다. 순간 나도 모르게 손이 움츠려졌다. 세속의 때가 묻은 손이 아닌가. 어찌 신성한 탑을 주저없이 만진단 말인가. 얼른 두 손을 모아 그동안 별로 호의적이지 못했던 삶의 방식을 돌이켜 석탑 앞에서 간절한 기도를 올린다. 세월이 흘러서 본연의 색깔은 퇴색될지언정 석탑은 고고하고 당당하다.

절터의 축대에는, 엉겅퀴꽃이 만발하여 출렁거리고, 개망초꽃도 뒤질세라 피었다. 그 아래 연못은 오랜 세월을 건너오며 조금씩 메워져 아주 볼품이 없다. 연못에 푸른 물이 넘실거리고 감은사에서 목탁소리 울려 퍼질 때, 용이 연못을 통해 금당 밑으로 슬쩍 숨어들었을 것이라는 상상을 해본다.

주춧돌을 하나씩 밟으며 절터를 한 바퀴 돈다. 천년의 역사를 거슬러 더듬는다. 이미 사라진 감은사의 흔적은 애달프고 동탑과 서탑의 장엄미는 나를 압도한다. 감은사는 무슨 일로 무너졌을까. 그 자리에 있는 풀들은 당시의 이야기를 대를 물려 전하고 있을 터이다

문득 초석을 다듬고 석탑을 세우던 석수장이의 환영이 절터에 겹쳐진다. "감은사여!" 하고 나직이 불러본다. 목탁 소리도 들리는 듯하다.

감은사의 환영일까. 만파식적의 울음일까.

(1999.5.)

사금파리

모든 것은 태어나면서부터 이름을 부여받는다. 사람이나 동물이 그렇고, 우리 주위의 사물들이 모두 그렇다. 그러나 사금파리는 사기그릇이 깨어지면서 얻는 이름이다.

여인의 목소리가 날카로우면 사발 깨어지는 소리가 난다고 한다. 요란스럽게 깨어지면서 얻은 이름 치고 그토록 어여쁘니 어쩌면 부럽기도 하다.

내 이름은 할아버지께서 지어 주셨다고 한다. 큰댁 사촌언니들 이름이 계수나무 '桂'자를 돌림자로 하였으니 나도 그 돌림자를 따라 '桂子'로 지은 것이다. 어릴 적에 아이들은 내 이름을 가지고 개자, 소자, 말자라고 놀렸고, 어떤 사람들은 공문서 작성시 개자로 쓰는 바람에 나를 화나게 했다. 한순간에 개의 아들이 되는 내 이름을 가지고 철이 들면서부터는 부모님께 불만을 터뜨리곤 했다. 그러나 여자아이 이름이야 결혼하면 잊혀질 것으로 아시던 어른들은 내 불만쯤은 귓전으로 들었다.

막상 이름을 바꾸고 싶어도 쉬운 일이 아니었다. 호적상의 변경은 가정법원에 개명 신청을 해서 허락이 떨어져야 된다고 했다. 그 허락의 기준이 아주 지엄하여 아예 포기를 해버렸다. 정말 한때는 사금파리처럼 깨어져서라도 새 이름을 얻고 싶은 마음 간절했다.

아들이 태어나고, 남자는 이름이 좋아야 출세한다는 말을 믿고 작명소에 갔다. 우리 부부 사주와 아이 사주를 함께 빼 보더니 내 이름이 좋지 않다는 것이었다. 그때까지는 이름 말 그 자체가 싫을 뿐이었는데, 작명소에서 나쁘다고 하니 그동안 삶이 고달팠던 이유도 이름 탓으로 돌리고 싶었다. 그렇다고 아무개 엄마로 더 많이 불려지는 이름을 새삼스럽게 바꾼다는 것도 생각해 볼 일이었다.

이름은 사람을 보지 않고도 그 사람의 이미지를 떠오르게 한다. 예를 들면 '순'자가 들어간 이름을 보면 그 사람은 왠지 순할 것 같고, '희'자가 들어가면 표정이 밝을 것 같고, '덕'자가 들어가면 어진 이일 것 같다. 그러나 계자라는 이름은 아무리 후한 점수를 주고 싶어도 어감이 강하고 아들을 바라는 어른들의 욕심만 느껴진다. 염원을 담은 이름 때문인지 남동생을 내리 셋씩이나 얻었지만, 나는 여전히 이름이 싫을 따름이었다.

사발이 깨질 때 귀를 기울여 보라. 귀 있는 이라면 그 소리가 몸서리칠 일이다. 긴 고통 끝에 태어난 아기가 고고한 울음을 울

듯, 사금파리에겐 아픔을 찢는 소리다. 어쩌면 누가 알아주지 않는 탄생을 알리는 외로운 비명일 것이다. 이름은 그렇게 아파하며 얻는 것일까.

요즘은 사금파리를 보는 경우가 드물다. 어쩌다 아스팔트 위에서나 보도블럭 위에서 사금파리를 발견하면 오히려 낯설다. 사금파리는 먼지가 풀풀 나는 흙길 위에 뒹굴다가 말발굽 아래나, 또는 짚신 아래 짓밟히는 것이 더 어울릴 것 같다.

사금파리 중에 한때는 백자나 청자의 모습으로 어느 대가댁 살강 위에 놓여 있던 때가 있었을 것이다. 그 댁 아낙네는 그릇들의 우아한 곡선을 닦으며 마음도 둥글게 먹었으리라. 그러다가 누군가의 실수로 깨어지면서 사금파리로 전락되는 것이 얼마나 안타까웠을까?

언젠가 지방신문이 주관한 도예대전에서 입상한 대상(大賞) 작품이 「기억 속으로」라는 이름의 분청사기다. 그 기억 속으로 들어가면 작품이 되기 전 본래의 모습이 보일 듯했다. 반짝이는 아이디어와 이름도 다양한 입상(入賞) 작품들을 보며 왠지 탄생은 곧 죽음이라는 생각이 들었다. 이름은 무에서 유를 창조하며 탄생하는 것, 그러나 모든 것은 탄생하는 순간부터 소멸의 길을 걸으니 유는 곧 무일 수도 있을 것이다. 아주 아끼던 찻잔 하나를 실수로 깨뜨리고 나서 더욱 그런 생각이 들었다. 오래도록 함께하며 소유의 기쁨을 누리게 했던 찻잔이 한순간에 산산조각 나며 사금파리가 되어 떠났기 때문이다.

나는 그릇은 깨어져야만 버리는 줄 알았다. 그래서 오래된 그릇도 부끄러운 줄 모르고 쓰고 있다. 주위에는 유행이 지났다는 이유로, 또는 싫증이 난다는 이유로 멀쩡한 그릇을 서슴없이 버리는 이들도 있다. 쓸 만한 그릇을 아까운 줄 모르고 팽개치는 것을 보면 사람도 싫어지면 버리지 않을까 걱정이 앞선다.

수필공부를 시작하고 여기저기 신문이나 잡지에 활자화된 내 이름이 더욱 싫었다. 이런 저런 이유로 어느 날 용단을 내려 작명소를 찾았다. 내 사주에 맞추어 지었다는 이름이 못 '지(池)'자에 은혜 '은(恩)'자다. 그렇다고 이 이름도 썩 마음에 드는 것은 아니다. 어쩐지 무게가 없고 아이들 이름 같아서 정이 안 간다. 고통 없이 얻은 이름이니 마음에 들 리가 있겠는가. 싫은 물건을 팽개치듯 본명을 두고 다른 이름을 쓰고 있으니 할아버지께 죄스럽기도 하다.

사금파리가 보고 싶다. 도시의 포장된 도로가 아닌, 시골의 한갓진 흙길에서 만나고 싶다. 만나면 깨어진 아픔과 뭇 사람들에게 짓밟힌 그 설움을 보듬어 주고 싶다. 사금파리, 하면 그 이름은 어여쁠지언정 어쩐지 마음 한 구석을 베이는 듯 서늘한 느낌을 준다. 온돌 같은 온정은 기대할 수도 없다.

마치 깨어지게 한 것을 항변이라도 하듯 날카롭게 모서리를 세운 사금파리. 이미 깨어지는 순간에 채우고 싶은 모든 욕망일랑 물거품이 되었으리라. 크게 버리면 크게 얻을 수 있다고 하지 않는가. 나도 한번 크게 버려 볼까. 마음에 드는 이름 하나 얻을지.

(2002.2.)

메아리

약수터에 간다는 건 핑계에 불과하다. 산 중턱에서 만나게 될 그에게 더 빠져 있기 때문이다. 막상 만나면 나에게 등을 내어 줄 뿐, 말 한마디도 건네지 않으니 나만의 연심(戀心)이라고 해야 할까.

나도 처음부터 마음을 빼앗긴 건 아니다. 산을 오를 때마다 늘 그 자리에서 마주쳐도 무심히 지나칠 뿐이었다. 그쪽 역시 나를 알은체 하지 않았다. 그 점이 나를 더 몸달게 했다. 산등성이에 올라서면서 '오늘은 말을 붙여봐야지.' 하고 별렀지만 내가 먼저 말을 붙이기엔 왠지 쑥스러웠다. 사랑은 쟁취라고 하는데 나는 처녀 때도 남의 눈을 의식하느라 연애를 못했다.

남편도 중매로 만났지만 그는 두 남매를 내 품에 던져 놓고 긴 여행 중이다. 누군가가 내게 그리움에 대해 물어왔을 때, 대답 대신 웃고 말았다. 나에게 그리움이란 혼자서 끓이고, 삭이고, 녹여내는 용광로의 쇳물 같은 것이었다. 부모님도, 남편도, 친정의 기둥인 남동생도 모두 젊은 나이에 내 곁을 떠나갔으니 그리움을 입에 담을 여유조차 없었다. 나는 아직도 그들을 보내지 않았는데, 산비탈의 봄눈처럼 흔적을 지워 갔다.

전에 살던 동네의 뒷산은 등성이에 올라서면 바다가 한눈에 보여 즐거웠다. 이곳 옥봉산은 그런 즐거움이 없다. 더 이상 그리워할 이도 없고, 눈을 즐겁게 해줄 바다도 멀어졌다고 생각할 때, 그가 내 앞에 불쑥 나타났다. 내가 곁에 서면 넓은 품으로 잠시나마 편히 쉴 수 있게 그늘을 드리워 주었다. 밝고 눈부신 사람 옆에 설 때 느끼는 열등감 따위는 걱정하지 않아도 되었다. 살아오면서 나에게 이토록 편안하고 푸근했던 이가 또 있었던가.

문우 K씨가 어느 날 그를 와락 껴안으며 "지은 씨도 한번 안아 봐. 아주 듬직한 사람 같아."라고 했다. "형님도 그에게 연심을 품었던가요?" K씨는 산에 오를 때마다 그의 넓은 등을 껴안고 소원도 빌고 하소연도 했단다. 나는 그때서야 마음 놓고 그를 껴안아 보았다. 다음날부터 인적이 드문 시간에 혼자 그를 만나러 갔다. 넓은 등에 기대어 오늘은 아이들이, 형제가, 이웃들이 나를 슬프게 또는 기쁘게 했노라고 중얼거리기도 했다. 무슨 말을 하든 무심히 듣기만 하는 그가 답답하지만, 마음 놓고 하소연을 할 수 있다는 것으로 위안을 삼았다.

한번은 그와 조금 떨어진 곳에 더 늠름하게 생긴 소나무 한 그루를 발견했다. 붉은 외피에 올곧은 기둥은 무척이나 듬직해 보였다. 그런데 이상하게도 허리에 붉은 띠를 두르고 있었다. 자세히 보니 띠를 맨 나무는 한두 그루가 아니었다. 띠는 재선충에 감염된 나무에게 내리는 일종의 사형선고인 셈이었다. 차라리 전사(戰士)들의 머리띠라면 생기라도 있으리라.

그에게도 언제 붉은 띠가 매여질지 모를 처지에 있다. 그렇게 생각하니 어느 날 갑자기 그도 내 곁을 떠나게 될까 불안했다. 예고 없는 이별에 대한 피해의식이랄까. 하루빨리 그를 재선충 무리에서 구해내고 싶어 조바심이 났다.

남편이 사고로 의식을 잃고 병실에 누워 있을 때도 나는 그의 영혼을 불러내고 싶었다. 어미닭이 줄탁을 하듯 그렇게 '톡' 쪼아주면, 상처투성이의 껍질을 깨고 남편이 이 세상으로 밖으로 걸어 나올 것 같았다. 그러나 생명과 사투를 벌이는 남편에게 내가 해줄 수 있는 것은 아무것도 없었다. 산소호흡기에 연결된 줄, 링거액이 들어가는 줄, 목을 뚫고 식도에 연결된 줄, 소변을 받아내는 줄, 심전도에서 가슴으로 연결된 줄까지 온몸을 휘감은 줄들이 금줄처럼 나를 밀어내고 있었기 때문이다.

그때, 여덟 살이던 아들 녀석이 어느 날 꿈 이야기를 했다. "엄마, 어젯밤 꿈에 내 이[齒]가 왕창 빠졌어." 나는 녀석에게 불길한 꿈인 줄 알고 남편 병상을 지키면서도 종일 집에 있는 아들 걱정으로 애를 태웠다. 그날 저녁 남편은 숨을 놓았다. 그 뒤에 이 빠지는 꿈은 혈육을 잃는 꿈이라고 들었다. 남편은 나의 줄탁을 기다리다가 서로 사인이 맞지 않으니 어린 아들에게 그런 꿈을 꾸게 했을까.

시골에서 남편의 삼우제를 지낸 다음날이었다. 철없는 아들은 영정이 있는 빈 방에서 아빠 사진을 보며 "아빠, 나는 왜 눈물이 나지 않을까?" 하며 혼자 중얼거렸다. 아빠의 죽음을 이해하기엔 너무 어렸던 것일까. 밖에서 우연히 그 말을 엿듣게 된 나는 며칠 동안 알지 못할 신열에 시달렸다. 눈만 뜨면 산이 흔들리고 코에서는 단내가 났다. 야속하지만 산 사람은 일상으로 돌아가야 하는 것. 아이들 학교 때문에 부산으로 와야 했다. 우리만 보내기가 뭣하였던지 시어머니께서 우리 세 식구를 부산에 데려다 주고 며칠 묵어가시던 날, 그 허망한 뒷모습이 또 한번 나를 떨게 했다.

어릴 때, 봄철이면 어미닭이 병아리를 까는 모양을 보았다. 닭둥우리 안에서 어미닭이 알을 굴리며 온기를 전하던 어느 날, 그 안에서 여리고도 신비로운 생명의 메아리가 들려오곤 했다. 병아리가 알 속에서 세상 밖으로 나오려고 알껍질을 톡톡 쪼면 어미닭이 밖에서 동시에 쪼아 병아리를 돕는 줄탁. 만약 어미의 줄탁을 받지 못하고 세상에 나온 병아리는 너무 지쳐서 건강하게 살지 못한다고 한다. 아빠의 빈자리 때문에 행여나 우리아이들이 그 병아리처럼 되지 않을까 마음이 쓰였다.

겨울을 보내고 몇 달 만에 산에 올랐다. 난데없는 전기톱 소리가 낭자하다. 붉은 띠를 맨 나무들을 베어내는 소리다. 산은 그동안 소나무의 공동묘지로 변해 있다. 나는 그를 향해 정신없이 뛰었다. 그가 있던 자리엔 몇 백 년 된 나이테만 약품 처리된 비닐을 덮어쓰고 있다. 이번엔 재선충에게 지고 말았다. 도대체 재선충이 어떤 것이기에 거대한 나무를 수도 없이 쓰러뜨린단 말인가. 나는 그루터기에 두 손을 올려놓고 큰소리로 그를 불러보았다.

빈 메아리만 돌아왔다.

소리 없는 풍경 中……

살다가 보니 여인도 언제부터인가 풍경이 되어 있었다. 세파에 흔들리는 풍경. 바람처럼 흔들어 대는 남편에게 주파수를 맞추기 위해 열심히 두 팔을 흔들었지만 소리조차 낼 수 없는 풍경이었다.

치우천왕

"할아버지! 저에게도 며느리발톱이 있어요."

다급하게 호소하는 내 시야에서 할아버지는 홀연히 모습을 감춰버렸다. 익살스런 모습에 영웅답고, 험상궂게 보이면서 용맹이 넘친다

정신을 차리고 보니 내가 할아버지라고 부른 인물은 간 곳이 없고, 부여에서 출발한 대전행 버스는 땡볕 속을 달리고 있었다. 부여박물관에서 본, 전돌에 새겨진 인물이 꿈속까지 따라온 것이다.

어제 저녁 문학단체의 세미나에서 어느 분이 치우천왕 이야기를 하였다. 현재 중국의 중도박물관장이며, 공자의 76세손인 孔 아무개씨가 이르기를, 자신도 동이족인 치우의 후손인데 동이족은 며느리발톱이 있다고 했다는 것이다.

그 이야기를 듣는 순간 나는 얼른 새끼발가락을 더듬어 보았다. 갈라진 또 하나의 작은 발톱. 혹시 육 발가락이 되려다 만 게 아닌가 하여 어릴 땐 그 발톱을 내놓기가 부끄러웠던 적도 있었다. 그래서 발톱을 깎을 때마다 야멸치게 뜯어내며 학대를 했는데, 그것이 치우천왕의 후손이라는 증표라니.

갑자기 몇 천 년 전의 조상과 조우를 하는 듯한 감회가 심연에서 저류(底流)하는 핏줄이 되어 도도히 다가왔다. 그때 난생처음 내 며느리발톱에 뻣뻣이 힘이 들어가는 것을 느꼈다. 며느리발톱의 사전적 어원은 “날짐승 수컷의 발 뒤쪽으로 튀어나온 발톱”이라 한다. 하지만 사람의 그것은 새끼발가락에 붙어 있다.

몇 년 전, 부여 박물관에 있는 전돌의 도깨비상이 치우상일지도 모른다고 주장하는 글을 본 적이 있다. 더 자세히 알고 싶었지만, 학자들 간의 주장이 서로 엇갈리니 그만 실망스러워 덮어두었던 것이다. 그래서 이번에는 내 눈으로 직접 확인하고 싶어 급히 부여 박물관으로 달려갔다.

부여 박물관에는 무척이나 보고 싶어했던 서산 마애삼존불도 모형으로 전시되어 있다. 그러나 나의 관심은 전돌이었다.

“6~7세기경의 연꽃 도깨비 무늬 전돌.”

이라고 표기되어 있다. 이것을 치우상이라고 주장한 글을 보았을 때 상당히 설득력 있다고 생각했기 때문에 이 전돌을 대하는 순간 나 역시 그렇게 우기고 싶었다. 연꽃 위에 새겨진 이 인물을 도깨비가 아닐 것이라고 생각하는 이유가 있다.

불가에선 연꽃이 꽃 중의 꽃이다. 부처님이 연좌에 앉은 모습은 많이 보았지만, 도깨비가 연좌에 앉은 모양은 본 적이 없다. 이 전돌은 절터에서 나온 것이다. 연꽃 위에 도깨비를 세워 놓았다는 것은 다시 생각해 볼 일이다. 적어도 연꽃 위에 새겨질 정도라면 위대한 인물이거나 신화 속의 신(神)이 아닐까 싶은 것이다.

전돌에 새겨진 인물을 치우상이라고 생각하고 보니 유리벽 안에 갇혀 있기엔 몹시 답답해 보였다. 말갈기 휘날리며 중원(中原)을 누비는 꿈을 꾸는 것 같기도 했고, 자신의 실존에 대해 부정하려는 사람들을 향해 크게 포효하는 것 같기도 했다. 모래와 돌을 밥으로 먹었다는 설을 뒷받침하듯 억세게 생긴 이빨이 퍽 인상적이었다. 나는 얼른 독수리의 발처럼 생긴 그의 발에서 며느리발톱을 찾고 있었다.

우리의 사서인 『삼성기』에는 "치우천왕은 신시역대기의 14대 환웅"이며, 중국 탁록(涿鹿)의 들에서 한족의 시조인 헌원(軒轅)을 사로잡아 신하로 삼았다."고 했다. 최근에 발간된 『중국민족사』는 "한민족(漢民族)과 이민족(異民族)의 최초의 전쟁은 바로 헌원(軒轅)과 치우의 탁록전이라 적고 있다.

중국신화에도 등장하는 치우천왕은, 쇠머리에 사람 몸을 하고 모래와 돌을 밥으로 먹으며, 여덟 개의 팔다리에 둘 이상의 머리를 지녔다는 설이 있다. 해마다 10월에 백성들이 치우천왕의 묘에 제사를 지낼 때는 붉은 기운이 비단같이 솟아올라 사람들이 치우기라고 불렀다는 기록도 있다. 실제로 이 전돌의 인물도 큰 머리에,

여러 개의 손과 발이 있고, 수염은 하늘로 치켜 올라가 범인은 아닌 듯 보였다.

2002년 6월 우리를 그토록 열광케 했던 월드컵, 그 응원단 붉은 악마의 캐릭터가 치우천왕이 아닌가. 사실 세미나에서 며느리발톱 이야기가 나왔을 때 사람들 반응은 무덤덤했다. 치우천왕에 대해 생소한 탓이 아닐까 싶었다. 그 자리에서 며느리발톱이 있는 사람이 어디 한둘이겠는가. 그런데도 무지할 수밖에 없는 우리의 역사관이 한없이 안타까웠다. 여러 사서에도 기록되어 있는 이 사실을 우리 나라 일부 학자들은 부정하고 있다니 더욱 실망스럽다. 그렇다고 전돌의 인물이 치우천왕이라고 우길 만한 증거도 없다.

이 전돌은 1937년 부여군 외리의 절터에서 발견되었다고 한다. 일제시대에 발굴된 것이니 세심한 고증을 거치지 않고 잘못 표기할 수도 있으리라. 그때 일인들은 한반도의 역사를 말살시키기 위해 혈안이 되어 있을 때이니 우리 조상일지도 모르는 인물을 도깨비로 표기해 놓고 얼마나 통쾌하였을까.

전돌의 인물은 과연 도깨비일까 치우상일까? 월드컵 열기가 무르익었을 때, 신들린 듯한 우리 응원단과 선수들의 활약을 생각하면 무언가 답이 나올 것 같기도 하다. 그 활약은 응원 깃발에 그려진 주인공의 기를 받은 탓이 아니었을까. 또 치우천왕의 묘에서 오르던 붉은 기운이 오늘날 붉은 악마를 탄생시켰을지도 모른다고 생각하니 어쩐지 그럴듯한 것 같기도 하다.

우리에게 신화적 성과를 안겨준 월드컵. 사서의 기록을 보아도 치우천왕의 활약 또한 신화적이다. 그는 수천 년을 기다려서 우리 국민의 혼에 "꿈은 이루어진다"라는 희망의 불을 지핀 것이다. 내가 꿈속에서 만난 인물에게 서슴없이 할아버지라고 부르게 된 것도 예사롭지 않다.

(2002.7.)

소리 없는 풍경

한낮의 산사에서 들리는 풍경 소리가 애잔하다. 육신을 때리는 풍경 소리에 놀란 듯 낙엽이 후드득 진다. 물기 없는 낙엽처럼 잔주름이 송송한 여인이 술잔을 권한다.

"동생, 내 술 한잔 받게."

산에서 점심도시락을 펴자마자 여인은 느닷없이 술잔을 내민다. 빈속이라 그런지 우리는 쉽게 취해 가을 산처럼 얼굴이 불그레하다. 분위기가 무르익자 기다렸다는 듯 마주 앉은 여인이 가슴을 풀어낸다. 멍든 응어리들이 낙엽처럼 쏟아진다. 그녀의 이야기에 곁에 있던 내 친구도 추임새를 넣는다.

오늘 산행에서 만난 초면인데도 쉽게 마음을 여는 것을 보니 혼자 담고 삭이기엔 너무 답답했던가 보다. 삼류소설 같은 이야기가 구구절절이다. 살포시 내려앉은 가을햇살이 예순을 바라보는 여인의 주름살을 더욱 스산하게 한다.

사연인즉 정년퇴임한 남편과 아들 내외, 여섯 살, 세 살 먹은 손자 손녀와 네 살 난 딸아이까지 일곱 식구가 살고 있는데 늘 딸아이가 불화의 씨앗이니 어쩌면 좋겠냐고 한다.

"늦둥이를 보셨군요." 하는 내 말에,

"맞아. 늦둥이,"

그 아이 때문에 아들 내외 눈치 보랴, 손자와 딸아이가 싸움이라도 나면 이편도 저편도 들 수 없으니 늘 좌불안석이란다. 자신은 너무 늙어서 좋은 어미가 되어 줄 수도 없을 것 같아 차라리 젊은 부모에게 입양을 할까 생각 중이라고도 했다. 그렇게 생각하면 어린 딸아이가 너무 가엾다며 땅이 꺼져라 한숨을 쉰다.

여인은 조그만 분식 가게를 하는데, 두 해 전 어느 날 아기를 안은 젊은 여자가 머뭇거리며 가게에 들어섰다. 잠깐 다른 일을 보는 사이에 여자는 강보에 싸인 아이만 두고 사라져 버렸다. 금방 오겠거니 하고 있는데 남편이 들어섰다. 자초지종 이야기를 하는 여인에게 남편은 대뜸 우리가 키우자고 하더라나. 순간 여인은 피가 거꾸로 치솟는 느낌이었다.

남편은 공직에서 정년퇴임을 하고 얼마 뒤 새 차를 사더니 안 하던 머리 염색까지 하고 출타가 잦았다. 나중에는 아예 집에도 안 들어오는 날이 많아졌다. 설마 다 늙은 영감이 뭘 어쩔까 싶어 내버려두었는데 퇴직금까지 몽땅 날리고 집으로 돌아왔다. 그 원인이 이 아이였단 말인가. 생각할수록 분하고 억울했다.

젊었을 적엔 아내가 친정 제사에 갔다가 조금만 늦어도 속옷만 입혀서 마당으로 내치던 남자이다. 주택가의 이웃집 창문은 사람들 눈과 같아 쫓겨나서 창피 당하지 않으려고 무조건 빌며 살았다. 그 대가가 이런 것이었다니! 여인은 울분을 참지 못하여 사기그릇을 벽을 향해 집어 던졌다. 죄 없는 아이가 자지러지게 울었다. 남편은 휙 나가버리고 여인은 본능적으로 동한 모성애에 젖병을 물렸다. 결국 이것도 업보려니 하며 아이를 호적에 올렸다.

문제는 간단치가 않았다. 아들 내외는 아이를 거들떠보지도 않고, 시집간 딸은 사위 보기에 창피하다고 친정도 오지 않았다. 손자는 제 어미를 믿고 툭하면 딸아이를 울렸다. 하여 손자를 나무라면 할머니 밉다며 대성통곡을 했다. 그런 판에 눈치 없는 남편은 딸아이의 돌잔치를 안 한다고 호통을 치고, 아이가 조금만 울어도 우유를 빨리 안 먹인다고 야단이었다. 이런 일을 두고 적반하장이라고 할 것이다.

차츰 여인은 죄인 아닌 죄인이 되어갔다. 가족들도 서로 원망의 골만 깊어졌다. 그럭저럭 아이가 네 살이 되자 가족회의에서 양녀로 보내기로 결정이 났다. 처음엔 아이를 위해서도 차라리 잘된 일이라 생각했다. 어느 날 양부모 될 사람들이 와서 아이를 보더니 며칠 후에 다시 데리러 오겠다는 말을 남기고 갔다. 그때부터 여인은 차마 아이를 바로 볼 수가 없었다. 집에서 기르던 짐승도 정 떼기가 어려운데 하물며 자식을 어떻게 내줄까. 여인은 그놈의 정

때문에 한없이 약해져 있었다. 여태껏 여인의 사연을 함께 들은 듯 저 멀리서 풍경이 애잔한 소리를 흩뜨린다.

풍경은 제 의지대로 살 수가 없다. 바람이 부는 대로 육신을 흔들어야 한다. 흔들다가 지치면 휑하니 가버리는 바람, 바람이 남긴 빈자리는 허망할 뿐이다. 뎅그렁! 뎅그렁! 그 울림으로 듣는 이의 가슴마다 잔물결을 일으킬 뿐, 담금질하며 다지던 각오 같은 것은 풍경으로 매달리는 날 잊어버렸다.

살다가 보니 여인도 언제부터인가 풍경이 되어 있었다. 세파에 흔들리는 풍경. 바람처럼 흔들어 대는 남편에게 주파수를 맞추기 위해 열심히 두 팔을 흔들었지만 소리조차 낼 수 없는 풍경이었다. 풍경은 몸을 때려 제 목소리를 내고, 여인은 가슴을 치며 목소리를 안으로 삭였다.

그 뒤 여인의 소식을 들으니 입양할 집안에서 사정이 생겼다며 아이를 데려가지 않았다고 한다. 죄책감에 흔들리던 여인은 자신이 짊어져야 할 업보라면 차라리 잘되었다며 조용히 아이를 보듬어 키운다는 것이었다. 자기가 낳은 자식을 외면하는 사람도 있는 세상에 남편의 씨앗을 거두게 한 것은 모성애의 위력인 것 같다.

가을바람이 흔드는 풍경 소리에 한 생명의 울음 소리가 이명처럼 들린다. 부디 죄 없는 생명에게 깊은 상처를 남기지 않기를 바라며 다시 만나면 그녀의 빈 잔에 술을 넘치도록 따르고 싶다.

가여운 생명에겐 사랑을, 여인에겐 축복을…….

홍시

옛날 시골에는 겨울에 먹는 과일로 홍시가 전부였다. 가끔 큰댁 제삿날에 사과나 배 한 조각을 먹을 수 있는 게 고작이었다. 풋감일 때는 항아리에 넣고 며칠 간 삭혀서 먹었고, 익은 감은 곶감을 만들거나 홍시를 만들어 먹으면 노인, 아이 할 것 없이 좋아했던 과일이다

집성촌에 살다보니 음력 10월엔 집안의 시제사도 많았다. 어머니는 여기저기서 들어온 시제사 떡을 소쿠리에 널어 말렸다가 한겨울에 그 떡을 푹 쪄서 홍시에 찍어 먹게 해주셨다. 그 맛을 잊지 못해 지금도 홍시가 생기면 떡을 찍어먹어 보지만, 그때만큼 감 특유의 향도 없고, 입에 착착 감기는 단맛도 없다.

내 기억으로는 감은 특별히 농약이나 거름을 주지 않아도 저절

로 꽃 피고 열매를 맺었다. 감꽃이 피면 온 동네에 벌·나비가 모여 들고, 아이들은 꽃을 주워 먹기도 했다. 지금은 감나무도 농약을 치지 않으면 좋은 결실을 볼 수 없다. 저절로 열매가 익을 때보다 맛이 덜한 이유가 거기 있는 모양이다. 늦가을 시골 정취를 한껏 치장하는 것은 감나무다. 잎사귀를 다 떨구어 낸 붉은 감은, 앙상한 가지를 독차지했으면서도 결코 이기적이지 않았다. 마지막 남은 한 개까지 까치밥이 되어 주는 감 이야기는 우화(寓話) 같지 않은가. 초겨울 아침, 서리 내린 감나무에서 홍시를 쪼아대는 까치는 한 폭의 동양화였다.

우리 집엔 감나무가 앞마당에 한 그루, 뒤곁에 한 그루가 있었다. 그 나무들은 아버지 어머니가 새살림을 나서 심었기 때문에 아직 애동나무였다. 우리 집 바로 앞에 있는 큰댁엔 집의 연륜만큼이나 고목이 된 감나무가 세 그루나 있었다. 붉은 감이 주렁주렁 달린 세 그루의 감나무는 쳐다만 보아도 큰댁은 부자 같았다. 감은 큰댁 뒤주 속에서 홍시가 되어 할아버지 간식도 되고, 손님들의 다과상에도 올랐다. 할아버지의 홍시는 사랑방 벽장 속에 들어가 있다가 우리가 가면 아무도 몰래 꺼내 주시기도 했다.

겨울날 앙상한 감나무 끝에서 찬바람이 울 때 나는 동생을 업고 큰댁 사랑방으로 타박타박 달려갔다. 오늘은 벽장 속에서 무엇이 나올까 하는 기대로 방문을 열면, 붓글씨를 쓰시던 할아버지는 "이 놈들 왜 오누!" 하시며 돋보기 너머로 우리를 바라보신다. 옆에서 먹을 갈고 있던 할머니는 나의 속셈을 알겠다는 듯 슬그머니 벽장

문을 여신다.

벽장 속엔 홍시뿐만 아니라 오래된 유과, 눈깔사탕 외에 이름 모를 과자 부스러기도 감춰져 있다가 나왔다. 우리가 오랜만에 사랑방을 찾는 날은 벽장 속에서 눅눅한 과자와 상한 음식이 나오기도 했다. 어떤 날은 벽장문이 좀체 열리지 않았다. 우리는 벽장문과 할아버지 할머니의 눈치만 살폈다. 그러는 손자 손녀의 눈치를 짐짓 모르는 체하시는 두 분이 야속하기도 했지만 끝내 벽장문은 열리고야 말았다. 지금 생각해 보니 할아버지는 그 벽장을 빌미로 어린 우리의 발걸음을 그쪽으로 향하게 하셨던 것 같다. 큰댁 사촌 언니 오빠들은 모두 다 장성하여 재롱을 기대할 나이는 지났고, 적적하고 무료하실 때 막내아들의 어린 피붙이의 발걸음 소리는 얼마나 귀를 즐겁게 했을까.

할아버지가 돌아가시고 그 벽장 속에선 더 이상 홍시나 유과가 나오지 않았다. 대신 할아버지가 쓰시던 갓이나 긴 담뱃대가 벽장을 지키고 있었다. 할아버지는 갓을 쓰고 흰 수염을 날리며 나들이 가실 때가 가장 보기 좋았다. 감나무에 높이 매달린 홍시처럼 고고하면서도 이기적이지 않았고, 품위를 갖추었으면서 서민적이셨다.

결혼하고 한 달쯤 지났을 무렵, 홍시 때문에 아주 난감한 적이 있었다. 어느 날 시어머니께서 급하게 열세 살 난 시누이를 불렀다. 어머님은 시누이에게 홍시가 담긴 바가지를 내밀며 "이거 누구 짓이냐."고 하셨다. 시누이는 억울하다는 듯 극구 부인을 했다. 때마침 남편이 들어오다가 그 광경을 보고 얼굴이 붉어지며 자기가 했다는 것이다. 어머님은 어른이 된 아들을 야단치지도 못하고 왜 안 하던 짓을 하느냐며 얼렁뚱땅 넘어갔다. 남편도 이유를 말하지 않고 방으로 쑥 들어가 버렸다. 영문을 모르는 나는 그를 따라 들어가 왜 그랬냐고 물어 보았더니 겸연쩍은 표정으로 "홍시가 먹고 싶다고 하지 않았냐?"고 한다. 그제서야 며칠 전에 내가 했던 말이 떠올랐다.

광속에 있는 홍시는 손님 다과상에나 오르는 것으로 알고 있었기 때문에 무심코 홍시가 먹고 싶다고 말했을 뿐이었다. 설마 내 말 한마디에 어른들 몰래 광문을 열 만큼 배짱 좋은 사람이라고 생각하지도 않았다. 그나저나 이미 엎질러진 일, "그러면 홍시를 우리방에 갖다 놓을 일이지 왜 하필 마루에 숨겨서…." 했더니 뭔가 말을 하려다 입을 다문다. 아마 그는 새색시가 또 홍시가 먹고 싶다고 하면 "짠!" 하며 내놓을 심산이었는지도 모른다. 그러나 어머님은 새며느리 때문에 아들이 안 하던 짓을 한다고 생각하실 것 같아 쥐구멍이라도 찾고 싶었다.

아들아이가 아홉 살 때 쓴 일기에, "홍시는 참 달고 맛있다. 배만 안 부르면 먹어도 먹어도 또 먹고 싶다."고 했다. 대물림의 홍시 이야기는 너무나 대조적이다.

살며 공감하며

K씨가 악극을 보러 가자고 했다. 흔쾌히 승낙을 한 배경에는 나름대로 이유가 있다. 그녀에게 내 글이 실린 수필집을 선물했더니 공감되는 부분이 많았다며 그에 대한 답례라고 했기 때문이다.

습작을 시작하고부터 공감이란 말을 얼마나 갈망했던가. 독자마다 취향이 다르니 그 취향을 맞추기란 쉽지 않다. 나는 독자의 오십 퍼센트만 공감한다면 문학 작품으로 성공했다고 생각하는 편이다.

악극 공연장에 도착하니 노인에서부터 어린 학생에 이르기까지 다양한 관객에 놀랐다. 언젠가 연극을 보러 갔을 때, 아직 우리 연극이 대중화되지 않았다고 생각한 적이 있다. 연극이 부유층과 엘리트의 전유물은 아닐 텐데 영화관처럼 쉽게 갈 만한 곳은 아니기 때문이다. R석, S석 하면서 기만 원씩 하는 입장료는 사람을 주눅들게 하니까.

그러나 이번 악극 입장권은 특정석이 따로 없고, 입장료도 몇 천 원 정도였다. 벌써 여러 날째 하는 공연이라 관객이 뜸하리라 생각했던 것도 나의 기우였다. 우리는 일층 무대 정면에 자리를 잡았다. 막이 오르기를 기다리는 시간은 작품에 대한 궁금증으로 조바심이 난다. 소중한 시간을 투자한 만큼 감동을 얻고 싶은 게 솔직한 심정이다. 〈홍도야 우지 마라〉는 한때 유행했던 노래지만 악극으로 보게 되니 기대가 된다.

K씨가 자신의 오빠는 이 노래를 늘 흥얼거리고 다녔다고 말을 꺼낸다. 그녀의 말씨는 상당히 차분하다. 입에서 말이 흘러나올 때는 나도 덩달아 마음이 차분해진다. 그런 점이 그녀의 매력이며 내가 부러워하는 부분이다. 나는 평소에 말이 없다가도 화가 나면 곧잘 흥분된 어조가 되어 버린다. 결국 상대에게 요점도 전달하지 못하고 돌아서서 후회를 한다.

말씨에는 그 사람의 인품이 묻어난다. K씨를 자주 접하게 되면 나도 은연중 그녀의 말씨를 닮게 될 것이라고 욕심을 낸다. 말로 상대방을 사로잡는 것도 그녀의 매력이며 능력이다. 그러나 그녀가 내 글에 공감했다고 할 때는 내 능력이기보다 우연의 일치이겠거니 했다. 하지만 그것이 내 능력이었으면 하는 바람은 간절하다.

검은 장막으로 차단된 무대의 이쪽과 저쪽은 아주 대조적 위치에 있다. 한쪽은 공감을 주기 위해 노력하고 한쪽은 공감을 얻기 위해 안달이다. 관객이 공감하는 작품을 올리기 위해 무대 뒤에선,

아니 그 이전부터 여러 사람들의 얼마나 큰 고뇌와 고독과 고통이 따랐을 것이다. 그렇게 생각하면 관객은 어떤 작품을 대하더라도 감동할 준비가 되어 있어야겠다.

제1막은 홍도와 오빠가 우애를 나누는 장면이었다. 원제 〈사랑에 속고 돈에 울고〉를 〈홍도야 우지 마라〉로 각색한 것이 어쩌면 이 시대의 정서에 맞아떨어진 게 아닐까 싶다. 이 대중적이고 과장적이고 복고풍인 악극은 경제 불황 시대의 보상 심리에 부합하여 관객의 공감을 사고 있는 것이다. 실컷 울고, 웃고, 함께 노래하다 보면 조금이나마 울분을 삭일 수 있을 테니 말이다.

신파극에 대중이 즐겨 부르는 가요와 쇼가 적절히 삽입되어 조화를 이루는 것이 악극이다. 최대한 감정과 운율을 섞어 대중의 눈물을 자아내는 신파극의 요체는 주인공을 괴롭히는 악한들의 음모와 무고인 것 같다. 기구한 운명의 장난, 그것이 신파극의 특징이 아닐까. 억울하게 당하는 주인공을 보고 있으니 그만 눈앞이 흐려진다.

나는 아직도 낙엽 지는 쓸쓸한 거리를 보거나 동물이 앓는 것을 보아도 눈물이 난다. 지는 것에 대한 설움도, 앓는 것에 대한 고통도 말로 표현할 수 없는 그 처지가 딱해서이다. 그럴 때의 눈물은 순수한 감정의 표현이지만, 때와 장소를 가리지 못할 때는 몹시 민망하다. 악극에서 과거에 내가 살았던 어느 때와 비슷한 대목에선 또 손수건을 찾았다. 이것은 마음이 약한 탓도 있겠지만 지극히 공감한 결과이기도 하다.

1988년 가을, 올림픽 개최국인 우리 나라에서 문화예술 행사 일환으로 '서울국제연극제'가 있었다. 일본은 전통극 가부키를 공연했는데, 나는 일본 역사 소설을 읽고 오랫동안 감동에 젖어 있던 때라서 부산 공연 때 가부키를 관람했다. 도쿠가와 시대의 이야기로, 주군(主君)의 원한을 갚고 심복들 전원이 할복하는 내용이었다. 배반을 쉽게 생각하는 이 시대엔 한낱 전설처럼 생각되겠지만, 그 의리와 충절이 얼마나 많은 사람들의 가슴을 적셨을까? 비록 남의 나라 역사이긴 해도 감동은 별반 다르지 않다.

가부키나 우리 나라의 〈춘향전〉과 같은 전통 연극에 대응하는 신극은 대개 동경 유학생들에 의해 우리나라에 전해졌다고 한다. 나라가 어려울 때일수록 웃고 울리는 이런 신파극이 인기를 얻는 모양이다.

사람들이 느끼는 감정 중에 공감이 있기에 예술이 더욱 빛나고 있는지도 모른다. 마지막 무대를 장식한 백댄스와 흘러간 가요가 더욱 흥을 돋운 이번 〈홍도야 우지 마라〉는 희로애락을 모두 보여 주었다. 그래서 예술적 가치를 따지기 이전에 우리가 얼마나 공감하며 즐거웠느냐에 더 후한 점수를 주고 싶다.

관객들이 그 춤에 맞추어 함께 손뼉을 치며 어깨를 들썩거리는 것은, 분명 그 시간이 매우 흡족하다는 뜻이다. 공감이란 정신적인 것이다. 다른 이의 작품에 많이 공감하며 살다 보면 나도 독자를 감동시킬 때가 있으리라 믿어 본다.

(1999.5.)

에스프레소 향기

비가 오다가 그치더니 또 오기 시작한다. 올 봄에는 유난히 비가 잦다. 장맛비처럼 지루하게 오니 이젠 쾌청한 날이 그리울 지경이다. 연초부터 북핵위기, 이라크전, 사스(SARS), 금융시장 위기 등 변수도 많았다. 잦은 비가 매개체인 양 큼직한 사건들이 심심찮게 터진다.

이층에서 창 밖을 내려다보니 빗길을 걷는 사람들 어깨도 축 처진 듯하고, 차들은 느릿느릿 기어간다. 나는 이십대까지는 비 오는 날이 마냥 좋았다. 추적거리는 빗소리와 우중충한 하늘은 젊은 날의 우수를 대변하는 것 같아 누군가를 향해 끝없이 편지를 쓰고 싶었다. 삼십대에는 비가 오면 괜히 부지런을 떨었다. 빗물을 받아 빨래를 하기도 하고 온 마당을 빗물로 씻어냈다. 그리고 부침개를 부쳐서 이웃과 함께 동동주를 곁들여 날궂이도 했다. 이제는 비 오는 날 누군가 부침개를 부쳐서 불러 준다면 기꺼이 가서 먹기는 하겠지만 스스로 부지런을 떨고 싶지는 않다.

"비 오는 날은 공치는 날"이라는 유행가 가사가 있다. 그것을 증명이라도 하듯 오늘은 가게에 사람들 발길이 뜸하다. 젊은 층을 겨냥하여 '보떼'라는 간판을 달고 에스프레소커피 전문점을 낸 지 어언 3년이 되었다. 에스프레소는 이탈리아어로 빠르게 만드는 커피를 말한다. 일반적인 드립식 커피추출 방법은 최소 1~2분을 경과하는 데 비해 에스프레소는 20초 안에 커피의 모든 맛을 뽑아낸다. 130파운드의 고압력으로 20초 안에 커피를 추출하는 기계가 고가(高價)이긴 하지만, 빠른 시간에 카페인이 적고 진하고 순수한 맛을 내는 것이 특징이다. 그래서 커피의 심장(heart of coffee)이라고도 한다.

2차 세계대전 이후 미국 관광객들은 이탈리아로 여행을 가서 맛본 에스프레소커피가 너무 양이 너무 적고 진하다며 불만을 터뜨렸다. 이런 불만을 고려하여 뜨거운 물을 많이 섞어 농도를 낮춘 커피가 아메리칸 스타일이다. 실제로 이탈리아에서는 90% 이상이 에스프레소 그 자체로 마시고, 미국의 경우 90% 이상이 우유나 물 등을 섞은 메뉴를 소비한다고 한다. 고희를 넘긴 수필가 S선생은 보떼에 오면 꼭 에스프레소를 찾으신다. 진하고 구수한 향기가 노신사의 입맛에 맞는 모양이다. 다 드시고 난 뒤에 그분은 '좋다'라는 말을 잊지 않는다. 커피 마니아들은 에스프레소를 좋아하지만, 대개의 사람들은 너무 진한 커피 맛이 익숙하지 않아 아메리칸 스타일을 즐기는 편이다.

작년 여름 나는 에스프레소를 아주 즐겨 마시는 사람을 보았다. 중년의 신사가 나흘 연속 우리 가게에 와서 에스프레소커피만 찾았다. 그것도 하루에 세 잔씩 연달아 마시며 노트북을 펼쳐놓고 작업을 하다가 가곤 했다. 에스프레소 한 잔(60ml)이면 아메리칸 스타일 두세 잔을 만들 만큼 진하다. 나는 에스프레소 한 잔을 다 마시면 가슴이 두근거려서 아메리칸 스타일을 즐기는 편이다. 그래서 나이 드신 분들이 에스프레소를 주문하면 아주 진한 커피라고 미리 알려준다.

그런데 그 신사는 에스프레소를 물 마시듯 하니 신기하여 나흘째 되는 날은 가까이 가서 "손님, 에스프레소를 아주 좋아하시는군요." 하고 물어 보았다. "예, 서울에서 많이 마셨는데, 이 앞을 지나다가 에스프레소 전문점이라고 해서 들어왔더니 분위기가 좋군요."라고 했다. 그는 서울 유명카페의 인테리어, 커피 메뉴, 분위기, 맛에 대한 정보도 상세히 알려 주었다. 어느 카페에서는 에스프레소에 꼭 초콜릿이 따라 나왔는데 커피를 다 마시고 난 뒤의 쓴맛에 초콜릿 맛이 어우러지면 아주 환상적이라고도 했다. 그 환상적이란 말에 끌려 나도 손님들이 에스프레소를 주문할 때는 곡 초콜릿을 곁들인다. 그 후 어느 날 부산역에서 먼발치로 그를 보았다. 용기가 없어서 인사를 하지는 않았다. 요즘도 에스프레소를 뽑을 때면 가끔 그가 커피 향기처럼 떠오른다.

향기는 덤이다. 향기가 없어도 누가 탓할 사람도 없으련만 저 혼자 은은하게 풍기며 많은 사람들의 후각을 즐겁게 한다. 비 오는 날 커피 향기는 더욱 그렇다. 아니 그 향기에 깊이 빠져들어도 무방한 날이다. 향을 음미하며 한 모금씩 천천히 마시는 기분은, 오수에 빠져 있을 때 자장가처럼 들려오는 빗소리의 감미로움 같은 것이랄까.

가끔 에스프레소커피를 마시고 있으면 내가 중세유럽의 귀족이라도 된 것같이 흐뭇하다. 창 밖에는 연인들이 우산을 함께 쓰고 유유히 걷는 모습이 눈에 들어온다. 서로가 상대의 허리를 감싸 안으며 걷는 모습이 이젠 우리 나라에서도 자연스런 풍경이 되었다. 내가 그맘때는 남자와 손이라도 잡으면 큰일나는 줄 알았다. X세대, N세대를 거쳐, 이젠 참여(Participation) 열정(Passion) 패러다임의 변화주도(Paradigm-shifter)에 적극적인 P세대까지 등장했다. 그 어느 세대에도 들지 못하니 귀족이 되는 꿈이나 꾸며 사는가 보다.

군중 속의 외로움이라 했던가. 가게에 젊은이들이 꽉 차 있어도 문득 홀로인 듯한 느낌이 들 때가 있다. 그들이 내뿜는 담배연기에 찌들어 사는 자신에게 회의를 느끼기도 한다. 그러다가도 수십 가지 커피메뉴를 만들다보면 그 향기가 모든 시름을 잊게 한다.

비 오는 날은 에스프레소 향기가 연인이다.

(2003.5.)

인연 그 시작은

약사여래불 앞에서 향을 피우는 친구의 손놀림이 익숙하다. 나도 조심스레 따라했다. 안개 덮인 산 정상에 향내가 진동하니 이곳이 곧 법당이다.

불공을 드리고 돌아서는 친구에게 무슨 소원을 빌었냐고 물어보았다. 싱긋이 웃으며 너는 무얼 빌었느냐고 반문한다. 나는 소시민의 소원이란 다 그렇고 그런 거 아니겠냐고 했다. 사실은 우리는 말을 하지 않아도 서로의 소원을 알고 있다.

팔공산 약사여래불 앞에서 기도를 하면 한 가지 소원은 이루어진다는 속설이 있다. 그래서 그토록 많은 불자들의 발길이 끊이지 않는 것일까. 내가 부처님 앞에서 이기적인 소원을 주절대는 것처럼 다른 불자들도 가슴속에 묻어 놓은 소원을 빌고 있을 것이다.

어쩌면 그 기도는 가까운 인연들을 위해 더 간절할지도 모르겠다.

팔공산을 오르는 돌계단은 불자들의 발길로 몸살을 앓는다. 밟히고 패고 무너지며 불자들과의 인연을 수없이 만들고 있다. 이미 퇴색되는 것에 익숙해 있는 돌계단은 해발 850미터 정상의 불상 앞에 이르는 길이다. 암벽을 배경으로 있는 이 원각상 갓바위가 9세기 불상군을 대표한다고 한다. 이런 걸작이 있기에 여기서 수많은 인연들이 맺어지며 헤어졌을 것이다.

친구는 취중일 때 나에게 곧잘 하는 말이 있다. "너를 알게 된 것을 감사한다."고. 나는 손사레를 치며 감사가 다 뭐냐고 펄쩍 뛰었지만 싫지 않다. 그런 말을 해주는 친구가 있음에 감사할 뿐이다. 많고많은 인연 중에는 서로 속내를 보이지 않고 요리조리 저울질이나 하는 오리무중 같은 인연도 있지 않은가.

바람 부는 대로 휩쓸리는 산 위의 안개가 넋을 빼앗는다. 산 아래로 몸을 던지면 안개가 그대로 날개가 되어줄 것 같아 팔을 벌려 훠이훠이 저어 본다. 지상의 수증기는 하늘로 올라가서 구름이 되어 떠다니는데, 인간이 하늘로 올라가면 무엇이 될까. 안개 속에 가려져 불투명한 산아래 세상. 그리고 배반의 시간들. 우리의 미래도 오리무중이 아닌가. 그래서 따뜻한 시선으로 마주볼 수 있는 친구가 없다면 어쩐지 내일이 불안할 것 같다.

친구는 말이 없는 편이다. 상대편이 화를 낼 때는 그저 묵묵히 있거나 웃음으로 얼버무린다. 그런 점이 답답할 때도 있지만 친구의 매력이기도 하다. 그래서 나는 친구 앞에서는 마음놓고 화를 내며 투정을 부리기도 한다. 직장일 하랴, 살림하랴, 저도 삶의 무게가 가볍지만은 않을 텐데 못난 친구를 챙겨주니 그 점이 언제나 나를 부끄럽게 한다.

십여 년 전쯤 일이다. 친구는 나를 데리고 귀금속 상점에 가더니 제 손에 끼고 있던 18K 반지를 빼주며 두 개로 만들어 달라고 했다. 그리고 내 손가락 칫수를 재라고 했다. 좀 황당했지만 엉겁결에 손을 내밀었다. 그 후로 친구가 끼워준 반지는 내 손가락을 벗어난 적이 없다. 반지를 볼 때마다 정이 새록새록 샘솟는 느낌이어서 친구에게 "그런 부가가치까지 생각하고 반지를 선물했지?"라며 농을 했다.

또 해마다 내 생일 하루 전에 찬거리와 미역을 사다주며 다음날 자기가 먹으러 올 테니 맛있게 해 놓으라고 한다. 사다주고도 내가 음식을 해먹지 않을까봐 염려하는 뜻이 담겨 있다. 오늘도 친구는 산을 내려오며 길가의 좌판에서 파는 엿을 사 주기도 하고, 싱싱한 과일을 사서 깎아 주기도 했다. 그럴 때의 나는 어린아이가 된 기분이다.

하산 길은 왠지 허허롭다. 좋은 인연과의 이별 뒤에 오는 기분 같다고나 할까. 그런 기분을 떨쳐버리기라도 하려는 듯 우리는 손을 잡고 도란도란 이야기를 나누며 걸었다. 이런 순간이 진정한 휴식에 들 때이며 인연에 대해 감사하고 싶을 때이다. 인연은 맺어지기 위해 있는 것이다. 소중한 인연은 헤어질 때 괴롭고 나쁜 인연은 만날 때 괴롭다고 했다. 사람은 고뇌를 잊기 위해 믿음을 찾고, 외로움이 두려워 인연을 만드는 것은 아닐는지.

안개가 서서히 걷히면서 햇살이 쏟아진다. 긴 터널을 빠져 나온 듯 시야가 확 트인다. 친구의 손가락에서 내 것과 똑같은 반지가 햇빛을 받아 반짝인다. 화려한 금강석이 아니면 어떠랴. 인연의 표시라면 18K 반지라도 좋지 않은가. 그 가치보다 편안함에 익숙해진 나에겐 반지가 곧 친구 같다.

객지에서 만나 서로의 속을 훤히 꿸 정도라면 우리는 특별한 인연이다. 친구와의 인연, 그 시작은 우연이었지만 지금은 필연이 되어 내 주위를 따사롭게 한다. 그러나 좋은 친구는 소유하는 것이 아니라 서로가 인연의 줄을 놓치지 않으려 노력할 때 존재할 것이다. 불가의 옷깃만 스쳐도 인연이라는 말은 인간관계에선 안일한 생각이다. 진정한 인연은 차 한 모금 입에 넣고 향을 음미하듯, 그렇게 조심스레 가꾸어야 할 것이다.

팔공산 아래는 토속 음식점들이 즐비하다. 우리는 등나무가 있는 평상에 앉아 동동주와 빈대떡을 시켰다. 술잔을 부딪치며, 하루 동안 옷깃만 스친 인연이 얼마였던가 생각해 본다. 마침 나뭇잎 하나가 어깨 위에 툭 떨어졌다. "또 인연을 만들었네." 했더니 친구가 활짝 웃는다.

(2003.8.)

가을소묘

막 출발 신호를 보내는 역무원을 밀치고 가까스로 목포행 열차에 올라탔다. 좌석표가 없어서 아무데나 앉았다. 창 밖을 보니 날씨조차 영락없는 가을이다. “날씨가 너무 좋다. 그치?” 문우인 H씨의 말은 길나서기를 잘했다는 확인 같은 것이었다.

몇 정거장쯤 갔을까. 어떤 사람이 다가오더니 자기 자리라며 비켜 달라고 한다. 각자 빈자리를 찾아서 앉다보니 H씨와 떨어져 앉게 되었다. 그때 내 앞좌석에 마주앉은 여인이 어디까지 가느냐고 물어 왔다. “무작정 갑니다.” 하며 아주 자랑스럽게 말했다. 그리 자랑스러울 것도 없는 여행인데 계획도 목적지도 없이 갑작스레 나선 길이라 매우 들떠 있었던 것 같다.

여인은 무작정이란 내 말에 취한 듯 고개를 끄덕이며 시선을 창

밖으로 돌린다. 내 또래쯤 돼 보이는 여인은 왠지 수심이 가득하다. 자랑스레 말한 것이 미안할 정도였다. 나는 분위기를 바꾸고 싶어서 그녀에게 어디까지 가느냐고 말을 걸었다. "반성역(班城驛)에 내려요. 그곳에는 오늘 오일장이 서는데 한 번 가보세요." 한다. 장터까지 안내해 주겠다는 여인의 말에 끌리기도 했고, 장날이라 하니 고향의 오일장 생각도 났다.

오일장에 대해선 향수가 많다. 부모님이 예쁜 옷을 사오는 날도 장날이었고, 어렵게 공납금을 마련하던 날도 장날이었다. 벌써 마음은 고향의 장터를 향해 가고 있었다. 뒷좌석을 향해 "형님! 오늘 반성이란 곳에 장이 선답니다." 했더니 반색을 한다.

반성역은 작고 아담하다. 개찰구 옆으로 늘어선 화단에는 샐비어가 빨갛게 피어 있다. 붉은 빛깔이 역사(驛舍)를 꿈꾸듯 물들이고, 그 눈부신 빛에는 가을 메아리가 들어 있다. 차랑차랑한 햇살은 샐비어와 알맞게 조화를 이루었다. 가을꽃은 가을볕에, 봄꽃은 봄볕에 잘 어울리도록 조물주는 그렇게 배려한 모양이다. 가을이 나를 반기듯 거기 있었다.

여인은 우리를 반성 장터까지 안내해 주고 갈치 한 마리를 사서 돌아선다. 그제서야 나는 여인에게 사는 곳을 물어 보았다. 뜻밖에도 우리 동네에 사는 사람이다. 도시의 한 동네란 시골의 이웃 동네보다 더 거리감이 있지 않은가. 차라도 한잔하자는 내게 그녀는 "칠순이 넘은 친정아버지가 홀로 사시는데, 주말마다 가서 돌봐드려야 해요." 하며 총총히 가버린다.

그녀의 수심은 친정아버지 때문이었다. 손에 들린 갈치는 친정아버지의 밥상 위에 오를 것이었다. 딸을 기다리며 문밖에서 서성일 노인이 눈앞에 다가와 더 붙잡을 수도 없었다. 무작정이란 내 말에 취한 듯이 창 밖을 보던 여인의 모습이 새삼 떠올랐다. 나의 이 한유한 시간들이 그녀는 얼마나 부러웠을까.

장터가 가까워지면서 참기름 짜는 냄새가 코를 스친다. 말이 시골 장터지 옛날 장터의 풍경은 간 곳이 없다. 동동구리무를 팔던 방물장수도 없고, 엿장수의 가위 소리도 들리지 않는다. 그러나 장터엔 가을 열매들이 잔뜩 널려 있어 눈을 즐겁게 했다. 우리는 시장에서 팥죽 한 그릇씩을 맛있게 비웠다. 사과 궤짝 위에 앉아 먹는 내 모습이 영락없는 촌부의 아낙이다.

도토리묵과 막걸리 한 병을 사 가지고 무작정 들길로 나섰다. 얼마쯤 걸어가니 남향으로 자리잡은 아늑한 마을이 보였다. 마을 앞에는 철길이 있고, 둥구나무 두 그루가 수호신마냥 버티고 서 있다. 들녘은 금가루를 풀어놓은 듯 황금물결을 이루었다. 나무 밑에 자리를 폈다. 시골 풍경에 취하여 막걸리 잔을 기울이며 달려오는 열차에 낭만을 실어보내기도 했다. 이 순간엔 신문의 머리기사도 궁금치 않다. 형평성에 위배되는 기사 따위에 분개할 일도 없다. 대화의 내용은 당연히 자연이다.

오묘한 자연은 채우고 비우기를 되풀이한다. 비우는 것을 게을리 하는 자연은 없다. 욕심이란 그릇이 혹여 화를 부를지라도 인간은 그것을 채우기에 급급하지 않은가. 그래서 자연은 우리에게 무언의 스승이 되고 있다.

해가 설핏 기울 무렵, 돌아오는 길에는 메밀밭둑을 걸었다. 소설 〈메밀꽃 필 무렵〉에서 허생원과 성씨 처녀가 처음 만난 날도 달빛 아래 메밀꽃이 소금을 뿌려 놓은 듯 하얗게 피었다지. 작아서 더욱 애잔한 메밀꽃은 석양을 받아서 막연한 슬픔이 안개처럼 묻어났다. 메밀꽃 한 번 보고 석양 한 번 보고, 또 메밀꽃 한 번 보고 석양 한 번 보다가 나는 아예 밭둑에 주저앉았다. 그때까지 의식 밖에 있던 풀벌레들의 울음소리가 쏟아질 듯 귓전을 울린다. 가을 들녘의 메밀밭은 갑자기 풀벌레의 합창소리로 수런거린다.

반성역에 도착하니 이미 가로등에 불이 켜져 있다. 소박한 역사의 분위기에 젖어 돌아올 열차가 연착이라도 되었으면 싶었다. 시간이 이대로 정지해 주기를 바라며 문득 열차 안에서 만났던 여인이 궁금하였다. 친정아버지와의 만남은 혹시 서리를 맞은 들꽃처럼 쓸쓸하지는 않았을까.

갈치찌개 냄새가 코끝을 스치는 듯하다.

역행(逆行)

찬 이슬이 내린다는 한로(寒露)다. 24절기 가운데 17번째 절기로 태양이 황경 195°의 위치에 올 때라고 한다. 단풍이 짙어지며 여름새는 떠나고 겨울새가 찾아드는 때다. 농촌은 추수가 한창인 시기다.

절기는 태양의 황경에 맞추어 1년을 15일 간격으로 24등분해서 계절을 구분한 것이라 한다. 1년을 12절기(節氣)와 12중기(中氣)로 나누고 이를 24절기라 하는데, 한 달 중 절기는 월초(月初)에 들었으며 중기는 월중(月中)에 해당한다.

지금은 양력을 많이 사용하지만 예로부터 우리나라와 중국은 음력을 사용했다. 그러나 계절은 태양의 변화에 의해 결정되므로 음력과 계절의 변화는 일치하지 않는다는 것이다. 따라서 중국에서 24절기를 만들어 정확한 계절을 알렸고, 농경사회에서는 절기에 맞추어 씨를 뿌리고 거둬들였다. 그런데 음력을 사용했던 탓인지 지금도 24절기를 음력, 즉 달을 기준으로 만든 것으로 아는 사람들이 많다.

어제 어느 마을 앞을 지날 때였다. 수령이 수백 년은 됨직한 둥구나무가 두 갈래로 쫙 찢어져 반쪽이 누렇게 익은 벼논 바닥에 쓰러져 있었다. 그 허연 속살을 보니 찢어질 때의 비명소리가 어땠을까 생각하니 섬뜩했다. 둥구나무는 태풍 매미의 날갯짓에 사람의 가슴으로는 담을 수도 없는 역사(歷史)를 내놓고 말았다.

매미의 위력에 속절없이 당하고만 있었던 영장류. 그 피동성에 쐐기를 박은 꼴이다. 추수철이 되어도 거둬들일 게 없다고 울상을 짓는 농부도 있다. 결국 매미의 날개보다 우리의 존재가 너무 작고 초라하다는 것을 깨닫는 데 많은 대가를 치른 셈이다.

한로를 맞은 이때에 산과 들에는 새로 연두색 잎이 돋고 봄꽃이 피었다. 매미의 날갯짓에 떨던 나무들이 잎을 너무 빨리 떨군 탓에 계절 감각을 잃어버린 모양이다. 그 혹독한 매미가 절기도 거슬러 가게 했다.

인체의 순환계가 역행하면 병이 생긴다. 가을에 꽃이 피고 새순이 돋는 것은 계절을 역행하는 일이다. 머잖아 서리가 내린다는 상강(霜降). 새순과 꽃들이 멋모르고 피었다가 그대로 서리를 맞아 얼게 될 처지에 있다. 그래서 꽃이 반갑지가 않고 안쓰럽다. 이러는 나도 역행하고 있는 것일까.

(2003.10.)

두레박질

어머니의 길은 스테인리스 그릇 같은 것이었다. 머리에 이고 다니던 그릇처럼 무겁기만 한 세월이었다. 매일 아침 그릇보따리를 이고 나가시던 어머니 어깨는 그 무게만큼 처져 있었다.

나는 그릇 보따리를 이고 골목길을 누비실 어머니의 뒷모습이 눈에 밟혀 하루해를 불안하게 보내곤 했다. 어머니는 오히려 가정형편이 어려워 학교를 중퇴하고 있던 딸의 앞날을 걱정하셨는지도 모른다. 고향을 떠난 뒤 가산을 탕진하고 의욕마저 상실해버린 아버지 대신 어머니는 가장의 길을 걸어야 했다. 그 길은 골목길처럼 애달프고도 고달팠다는 것을 어머니가 몸져눕고서야 알았다.

해질 녘, 동구 밖에 어머니 모습이 보이면 달려가 보따리를 받고 싶어도 나의 힘으로는 어쩔 수 없었다. 그런 것을 모르는 척하시는 아버지께 원망의 골은 깊어만 갔다. 가끔은 그 원망이 어머니께 화살이 되어 못마땅한 속내를 드러내기도 했다. 그런 짓이 얼마나 어머니의 가슴을 아프게 했을까.

그때 시골에선 물건을 사고파는 통화가치로 돈보다 현물이 오고 갔던 모양이다. 어머니는 늘 곡식과 그릇 보따리를 이고, 들고 지친 모습으로 돌아오셨다. 그래도 하루 종일 방안에만 계시는 아버지께 약주를 사다 드리며 바깥소식을 들려주시곤 했다. 아마도 아버지를 다시 가장의 모습으로 일으켜 세우려고 애를 태우시는 듯 보였다.

"요즈음은 추수가 시작돼서 마을에 사람들이 없어요. 오늘은 장사도 안 되고 해서 소북골 아무댁네 들일을 도와주었어요." 이렇게 시작되는 이야기는 계속 이어졌다. 문밖에서 듣고 있던 나는 어머니가 품삯을 받는 게 목적이 아니란 걸 알았다. 그렇다고 늘 심신이 고달픈 어머니께서 득이 없는 일을 하신 것도 아니다. 한 번 일을 거들어 준 집은 어머니의 믿음직한 고객이 되었을 테니 말이다.

운명이란 개척하는 것이라고 하지만, 꼭 그렇지만도 않은 것 같다. 아무리 노력해도 어머니의 운명은 늘 제자리걸음이었다. 그래서 나는 자신의 뜻과 달리 운명의 길은 이미 정해져 있다고 생각해 왔다. 그 길을 묵묵히 가는 것이 어쩌면 개척이 아닐까. 어머니와 아버지와의 만남, 어머니와 우리들과의 인연, 이것도 운명이라면 그것은 참으로 막연하다.

넉넉한 집안에서 고이 자란 어머니는 열일곱 살에 어른들이 맺어준 대로 혼인을 하셨다. 외증조부께서 손녀의 혼처를 구하기 위해 도시락을 싸들고 다니며 구한 배필이라고 했다. 그만큼 손녀를 아끼셨다는 뜻일 게다.

어머니도 어른들의 뜻대로 혼인하여 열심히 사셨다. 농사를 지을 때는 초가집 마당 한켠에도 텃밭을 가꾸셨다. 별이 총총한 여름밤엔 길쌈을 하면서도 우리가 모기에게 물릴까봐 열심히 부채질도 하셨다. 라디오조차 귀하던 그때 유행가를 배우고 싶어서 청년이 된 큰집 오빠를 졸라서 유행가 가사를 베껴 놓고 입을 맞추어 노래 연습을 하던 모습이 지금도 눈에 선하다. 바느질이나 음식솜씨가 좋아서 집안의 길흉사에는 꼭 어머니가 불려 갔다. 어머니께는 그때가 행복이었을 것이다.

바깥세상을 모르던 어머니가 어떻게 보따리장사를 결심하셨는지. 그것은 막다른 골목에서의 선택이 아니었을까. 길을 걸으며 한없이 그리워했을 고향집도 남의 손에 넘어가 남새밭이 되었다. 다시 돌아가고 싶은 희망일랑 이미 떠나올 때 뒤란에 있던 살구나무에 걸어놓았을 것이다. 스테인리스 그릇처럼 녹슬지 않고 오래도록 빛났으면 좋았을 것을. 어머니는 젊은 나이에 운명이냐 개척이냐 저울질 당하던 생을 마감하셨다.

세상 떠나기 얼마 전, 몇 번이나 유언을 하시려고 "내가 죽거든…." 하고 말을 꺼낼라치면 나는 듣기 싫다며 손을 내저었다. 유언을 들으면 정말 어머니가 아버지와 동생 넷을 남겨놓고 죽기라도 할까봐 나는 온몸으로 듣기를 거부했다. 끝내 유언 한마디 못하고 가신 뒤에 이제사 무슨 말을 남기려고 그러셨는지 들어나 볼 걸 하고 때늦은 후회를 한다.

어머니께는 오히려 그 길이 더 편안한 안식처가 되었으리라 믿고 싶다. 목숨이 다하는 그날까지도 모정을 두레박질하느라 눈을 감지 못하셨으니 말이다. 사람은 오래 사는 것이 문제가 아니고, 어떻게 사느냐가 문제일 것이다. 죽음은 새로운 삶의 시작이라고 하니 어머니의 삶은 그곳에서 더욱 빛날 것이다.

그 후 나는 어머니의 빈자리가 고통스러울 때면 밤중에도 집 앞 우물에서 두레박질을 했다. 어머니의 혼을 길어 올리듯 퍼 올린 물은 물동이를 채우고도 철철 넘쳐흘렀다. 흩어지는 물소리에 산산이 부서지는 나의 자아, 일순간이나마 숨통을 틔워 주었다. 괴로움을 이기기 위해서는 그리워할 무언가가 필요했다. 그 대상이 우물이었다. 우물은 길어도길어도 두레박을 채워주었다. 가슴까지 적셔주는 고마운 우물이었다.

가족이 별 탈 없이 살아갈 때는 개개인의 소중함을 잊고 산다. 그저 일상의 둘레를 서로 맞물려 나가는 톱니바퀴쯤으로 생각할 따름이다. 그러나 한 사람이 떠난 후, 제아무리 똑똑한 사람도 떠난 이의 몫을 대신할 수는 없다. 이 세상에서 가장 허전하다고 느껴지는 것은 누군가가 영원히 비워둔 빈자리다. 이미 나도 어머니보다 더 많은 세월을 살았지만 그 빈자리는 무엇으로도 채울 수 없다.

어머니의 길, 그것은 하늘처럼 우러러뵈는 것도 아니며 별처럼 찬란한 것도 아니다. 끝없는 인내와 사랑을 가슴 속 우물에서 길어 올리고 나누어야 하는 두레박질이다.

(2000.5.)

둥이

둥이의 눈동자는 산초 씨처럼 작고 까맣다. 또한 날렵한 몸매는 금방이라도 창공을 날아오를 것 같다. 녹색 깃에 체리색 띠를 두른 이마가 아주 예뻐서 내 어깨 위에 올라앉아 뽀뽀를 해댈 때는 그만 정신이 아득해진다.

가끔 나름대로의 애정 표현으로 부리로 나를 깨물 때도 있다. 그럴 땐 몹시 아파서 떼어놓고 모르는 체하면 삐쳐서 베란다 버티컬 위에 올라가 시위를 한다. 나는 언제 그랬느냐는 듯 마음이 약해져서 내려오라고 사정을 한다. 가족들이 외출을 할 때도 함께 가고 싶어서 현관까지 따라 나선다. 얼마 전만 해도 따라가려고 어깨 위에 뛰어 오르는 시늉을 해서 현관 앞에서의 이별이 젖먹이를 떼 놓고 가는 어미처럼 뒤돌아보게 했다.

이젠 포기하였는지 그런 어리석은 짓을 하지 않는다. 대신 그 자리에 오래도록 앉아서 나를 기다린 흔적으로 오물을 소복이 남겨 놓는다. 그러다가 빈 집의 적요를 떨치고 아장아장 베란다로 걸어 나가서 빨래 건조대에 올라앉아 먼 하늘을 바라본다. 그 하늘 저편에는 열대지방이라는 둥이의 고향이 있고 대자연을 훨훨 날아다니는 벗들도 있으리라.

둥이와 인연을 맺은 것은 작년 2월이다. 아들 녀석이 서울 저네 외삼촌 집에 갔을 때, 손 노리개 앵무새를 기르는 것을 보고 갖고 싶어 했던 모양이다. 녀석은 외삼촌이 사준 앵무새를 가지고 신이 나서 돌아왔다.

날짐승을 기르는 것은 그렇게 신날 일이 아니다. 손 노리개 앵무새는 갓 부화되었을 때부터 사람이 이유식을 먹여 키우기 때문에 사람을 동료로 안다고 한다. 그래서 많이 데리고 놀아 주어야 외로움을 타지 않는다는 것이다. 우리 가족은 각자 바쁜 탓에 둥이랑 많이 놀아 주지 못한다. 둥이는 그 외로움을 하루 종일 화초나 종이를 물어뜯으며 달랜다. 그러다가 어두워지면 아무데나 들어가서 자는 모습이 몹시 안쓰럽다. 날짐승을 구속한 죄스러움 때문에 짝을 맞춰 주고 싶지만 그렇게 되면 사람을 따르지 않고 다시 야조(野鳥)가 된다고 하여 망설이고 있다.

어쩌다가 집에 있을라치면 둥이는 내 어깨 위에서 살다시피 한다. 가족 중에 나를 유난히 더 따르는 편이다. 정을 나누는데도 저울질이 필요한 인간보다 그 가식 없는 둥이의 애정 표현에 늘 감동한다. 이름도 귀염둥이, 늦둥이, 막둥이 그 모든 것을 포함한 둥이로 지었다.

우리 식구들의 모닝콜은 둥이가 한다. 아침 일찍 소리를 질러대면 누구든 일어나서 저를 알은체해 줘야 그 소리를 멈춘다. 또 전화벨 소리에 가장 먼저 대답하는 것도 둥이다. 그래서 외출 중에 둥이 생각이 나면 집으로 전화를 걸어 벨소리를 울려 준다. 내가 혼자 집에 있을 때, 누군가가 나에게 전화를 걸어와 적막감을 깨뜨려 주면 얼마나 반갑던가. 둥이도 그런 반가움에 잠시 하늘바라기를 멈추었으면 해서다.

한번은 고향에 갔다가 다음날 밤늦게 돌아왔다. 딴엔 나를 많이 기다렸던 모양이었다. 잠자리에 들면 아침까지 안 나오던 둥이가 그날은 내 목소리를 듣고 잠자리를 떨치고 달려 나왔다. 그리고 품에 날아와 안기더니 귀여움을 떨었다. 아이들이 다 자라서 그런 감격스런 포옹이 얼마만인지 모른다.

둥이의 날개는 있으나마나다. 애초에 새를 분양하는 판매점에서 멀리 날지 못하게 속날개를 조금 잘라 놓아서 기껏해야 1~2미터 정도 나른다. 그래서 베란다 창 밖에 다른 새들이 날아다니는 것이 눈에 띄면 저도 날고 싶어 유리창에 이마를 찧는다. 어쩌다가 털갈이를 하느라 잘린 깃털이 떨어져 있는 것을 보게 되면 마음이 찡하다. 날개가 다시 자라면 또 잘라 주라고 했지만, 나는 그럴 마음이 전혀 없다. 오히려 날개를 달아 주어 자연 속으로 훨훨 날려 보내고 싶다. 그러나 이미 사람을 떠나서는 살아갈 수가 없다고 하니 안타까울 뿐이다.

현대 동물원 원형이 되는 독일의 하겐베크 동물원은 1907년에 세워졌다고 한다. 해자를 만들고 자연 상태에 가까운 울타리 안에 야생동물을 풀어 두었는데 이것이 동물산업의 번창과 동물 포획의 학살 사를 동시에 뒷받침했다는 기사를 본 적이 있다. 만약 인간이 누군가에 의해 우리 안에 갇히게 된다면 어떻게 될까? 국민의 기본 권리마저 무시된 일제치하는 또 하나의 커다란 우리가 아니었던가. 어느 한쪽의 문화나 정서가 더 발달되었다고 해서 그렇지 못한 쪽을 구속할 권리는 없다.

요즘은 동물을 가두는 것으로 만족하지 않고 인간의 정서에 맞게 성형수술까지 한다. 그러다가 귀찮으면 인연조차 끊어 버린다. 자식을 키워본 사람이 남의 자식도 소중한 줄 안다는 말이 있듯, 둥이를 기르면서부터 다른 동물들의 아픔도 내 아픔인 양 고통스러워한다.

앵무새의 수명은 약 15년이라고 한다. 짝도 없이 긴 세월을 살아야 할 둥이가 너무 가엾어서 남동생 집에 전화를 걸었다. “너희 앵무새와 우리 둥이를 함께 살게 해 주면 어떨까?” 남동생 왈, “보내 봐. 누구든 필요한 사람에게 주지 뭐.” 한다. 저네도 두 마리는 기르기 싫다는 뜻일 게다. 그렇다고 알아듣게 설명을 했는데도 누굴 주겠다고 하니 매우 서운했다. 그 일이 나에게 결심을 하게 했다.

마침내 둥이의 짝을 사왔다. 노란 깃에 체리색 머리띠를 두른 수컷이다. 그 빛깔이 무척이나 산뜻하고 곱다. 짝은 손 노리개가 아니기 때문에 새장과 둥지도 구입해야 했다. 이젠 둥이가 외롭지만 않다면 야조가 되어도 좋다는 생각이다.

그날 저녁 우리 집에 신방이 차려졌다. 그동안 불을 끄고 잠자리에 넣어 주어야만 자던 둥이가 초저녁부터 짝이랑 새장 안에 있는 작은 둥지 속에 들어가 버렸다. 나는 그 안에서 일어날 일들이 궁금하여 공연히 기웃거렸다. 사랑을 빼앗긴 것 같아 은근히 샘도 났다. 변덕스런 내 마음을 둥이가 눈치챘다 해도 어쩔 수 없다.

둥이의 첫날밤에는 훗날 어린 분신들과 함께 세상을 훨훨 날아다니는 꿈을 꾸겠지.

(2003.9.)

밀주(密酒)

어둠 속에 알몸을 맡긴다. 오체투지의 자세이다. 검은 그림자가 속살을 어루만질 때는 애무인 양 달게 받는다. 애무가 끝내 뼈마디까지 흠씬 삭혀도 초야의 통과의례인 줄 안다.

어둠이 표피에 닿는 순간부터 순종은 미덕이었다. 초야의 고통은 다시 태어나기 위한 것, 그리하여 본래의 형상을 버려야 비로소 술이 된다. 그 모든 것이 은밀하게 이루어지니 술은 자신이 익어가는 모습을 보이기 싫은 모양이다.

농익은 밀주에 사람들은 더 빠져들고 싶어한다. 밀주가 향기를 뿜기까지 인고의 시간들이 있었기에 선비들이 마시면 음풍농월(吟風弄月)이 되었다. 세상을 관조하는 매개체로서, 허기와 피로를 달래는 동반자로서 밀주는 손색이 없었다.

관청의 단속을 피해 몰래 담근다고 이름 붙여진 밀주. 오래 묵을수록 좋다는 서양의 술보다 빨리 익고 시어지는 게 우리의 막걸리, 곧 밀주다. 비밀스러워서 더욱 은근한 맛. 못하게 말리면 더 하고 싶은 것이 사람의 심리다.

텁텁하고 걸쭉하며 누룩내가 살풋 나는 막걸리를 한 잔 쭈욱 들이켜면 농부의 허기진 배가 벌떡 일어났다. 안주로는 김치도 좋고, 풋고추를 된장에 찍어 먹는 맛도 그저 그만이다. 사발에 그득히 따라 손가락으로 휘휘 저어 가며 마시는 그 맛. 밀주보다는 막걸리라고 하면 더 잘 어울리는 말이다.

술은 혼성주, 증류주, 양조주, 크게 세 가지로 분류한다. 양조주에는 과실주와 맥주 그리고 우리의 탁주와 청주가 있다. 증류주는 알코올 비율을 높인 소주, 위스키, 브랜디 등이고, 혼성주는 여러 가지 술에 향료 따위를 섞어 만든 칵테일 등이 있다. 양조주는 대체로 주정 도수가 낮다. 나는 소주나 양주는 그 독하고 쓴맛이 싫어 입에 댔다가 놓기를 여러 번 해야 술 한 잔이 없어진다. 이런 내 음주법을 보고 어떤 이는 "술을 씹어서 먹으니 이가 튼튼하겠다."고 해서 좌중을 웃긴 적이 있다. 그러나 주정 도수가 낮은 술은 순해서 좋아하는 편이다.

요즘 음주 풍습은 음미의 뜻보다는 폭음 쪽으로 가고 있는 것 같다. 아무리 술이 마음의 거리를 앞당긴다 해도, 권유에 못 이겨 억지로 마시다가 목숨까지 잃는 대학 신입생들을 보면 안타깝기 그지없다. 취중진담이라, 쉽게 마음을 열 수 있는 음식으로 알면

될 것을 무모한 짓이 용기라고 생각하는 것은 아닌지.

밀주는 관청의 단속으로 인한 사건도 많았다. 옆집에서 담장 너머로 "밀밭에 불이야!" 하는 소리가 들리면 우리도 이웃집 담장 너머로 똑같은 고함을 질렀다. 그리고 대문을 닫아걸고 온 가족이 뒷산으로 올라갔다. 죄인인 양 피신을 가던 그 순박한 사람들. 자지러질 듯 짖어대던 개소리가 잦아들 무렵 사람들은 하나 둘 집으로 돌아갔다. 그때 미처 피하지 못한 사람들은 밀주를 들켜서 "술을 귀신같이 찾아내더라."며 한숨지었다. 그들은 빼앗긴 밀주보다 벌금 낼 일이 더 힘겨웠을 것이다.

그래도 밀주를 끊이지 않고 담갔다. 술을 구하기가 손쉽지 않았기 때문이다. 술이 없을 때 갑자기 손님이라도 오면 나는 오 리나 떨어진 술도가에 심부름을 가야 했다. 어린 나이에 술 주전자는 왜 그렇게 무겁고 출렁거리는지. 집에 도착해 보면 술은 반주전자뿐이었다. 길이 술을 먹어버린 것이다. 애써 해놓고도 혼났던 게 술 심부름이다. 지금은 동네 가게마다 갖가지 술을 팔고 있어서 밀주를 담글 필요가 없게 되었다. 그런 탓인지 요즘은 단속도 하지 않는다.

술을 담그는 일은 그리 쉬운 일이 아니다. 아낙의 솜씨에 따라 술맛도 달라진다. 음식 솜씨가 그저 그런 아낙은 술 솜씨도 그저 그렇다고 소문이 났다. 술맛은 누룩이 좌우한다. 아버지와 어머니는 들일을 할 수 없는 비 오는 날을 잡아 누룩을 빚었다. 어머니가 반죽을 해 놓으면, 아버지는 자루에 담아서 밟았다. 그렇게 띄운

누룩을 말려두었다가 고두밥과 누룩과 물을 섞어서 따뜻한 아랫목에서 발효시키면 술이 되었다. 이 술에 용수를 질러 맑게 뜬 웃국은 청주, 물을 섞어 채에 거르면 막걸리가 된다.

술이 발효될 때는 부시럭부시럭 밤새도록 분주하다. 초야를 치르는 각시의 옷 벗는 소리처럼 은밀하다. 이불을 덮어쓴 항아리는 초야의 고통은 참아야 한다고 술을 다독일 것이다. 언제 그 소리가 멎을까 싶을 때쯤, 술은 잠잠해진다. 빳빳했던 밥 알갱이들이 삭아서 위로 떠오른다. 육탈이다. 아니 해탈이다.

나도 가끔 누룩을 띄운다. 글의 주제를 가지고 소재를 반죽하여 밟고 띄우고 말려서 술을 빚는다. 아무리 공을 들여도 실패작이 더 많다. 애써 퇴고를 해도 티만 눈에 띈다. 이미 솜씨 없는 여자라고 소문났을지도 모른다. 술이 삭아서 떠오르는 알갱이를 보면 할 일을 다한 듯 홀가분하게 보인다. 그것이 부러워 나도 어둠 속에 전신을 맡겨 보기도 한다. 허공을 떠도는 언어들을 나의 것으로 만들기 위해 어둠이 나를 원한다면 언제든지 맡기리라. 모난 언어가 삭아서 독자에게 음풍농월이 되어준다면.

애주가는 술의 정을 아는 사람이고 음주가는 술의 흥을 안다고 했던가. 농부의 목울대를 타고 넘어가는 밀주 소리가 그리운 것은 술의 정이 될까.

미완은 완성이 되고

나는 초대받지 못한 객이었다. 그 주인에게 도무지 어울릴 수 없는 객. 나비들은 사뿐사뿐 날아서 주인의 머리위에 앉기도 하고, 꽃다지와 줄무늬를 긋기도 하는데 낯가림이 심한 나는 다가서기조차 멋쩍다.

정겨운 주인, 아니 부처 가족들이 쉬어가라고 발목을 잡는다. 작위적이지 않아 절로 웃음을 머금게 하는 표정들. 곁이 조심스러운 여느 부처보다 이곳 석불들은 마실 나온 이웃처럼 편안하다. 누가 여기서 삶이 힘겹다고 할 것인가. 그리고 빈부귀천을 따질 것인가. 세상이 비록 가파른 언덕이어도 이곳은 완만한 능선일 뿐이다.

원형 석탑에서부터 오층, 칠층, 구층 석탑들도 골짜기에 흩어져 있다. 다른 곳의 석탑들이 세련미로 눈길을 끈다면 이곳 석탑들은 투박한 자연미로 당당하다. 좌불 두 분이 같은 석실 안에서 등을 돌리고 앉은 모습은 마치 속세의 부부가 싸우고 돌아앉은 모양새다. 무엇이 그토록 원망의 골을 깊게 했을까. 영원히 마주할 수 없는 두 석불의 모습은 나에게 풀 수 없는 화두를 던진다.

소설 『장길산』에서는 관군에 패한 장길산이 이곳에 피신해서 천민들과 함께 천불 천탑을 세우며 역모를 꾀하다가 실패한 곳으로 묘사했다. 피신처치고는 아주 나지막한 골짜기다. 서쪽 능선의 부부 와불은 하룻밤 불사의 마지막 작품이었다고 한다. 와불을 일으켜 세우려는 순간에 일을 돕던 동자승이 거짓 닭울음소리를 내서, 일이 중단되어 미완의 천불 천탑이 되었다고 한다.

속세의 어느 부부가 그렇게 다정할까. 부부 와불을 보며 〈처용가〉를 떠올린다.

"밤늦도록 놀며 지내다가 들어와 자리를 보니 다리가 넷이로구나. 둘은 내 아내 것이지만 둘은 누구 것인고? 본디 내 것이지만 빼앗긴 것을 어찌겠느냐."

며 체념한다. 처용은 체념하므로 아내 옆에 누운 역신을 감동시켜 저절로 물러나게 한다. 갈등 속에서 한 걸음 뒤로 물러날 줄 아는 처용만의 아내 사랑법이다.

나란히 누워 있는 미완의 부처를 보며 부부의 애틋한 정이나 생각하니 이것이 어리석은 중생의 한계다. 사람역시 미완으로 태어나기는 마찬가지다. 살아가면서 가족과 사회를 통해 인간의 면모를 갖추어 가는 것이다. 운주사의 돌부처도 인간이 남긴 흔적이다. 미완으로 우리 앞에 다가왔기에 세상 사람들에게 더 사랑받고 있는지도 모를 일이다. 와불은 완성을 위한 여백이다. 미완은 채우기 위해 있는 빈 그릇 같은 것, 채우고 또 채우다 보면 완성은 어느새 눈앞에서 미소를 지으리라. 하룻밤에 불사를 일으켜야 할 만큼 어떤 절체절명의 위기가 닥치고 있었는지 모르지만, 자손대대로 천불 천탑을 남기려한 그 자체가 이미 완성이 아니겠는가.

와불 아래에 있는 시위불은 일대의 석불 중 가장 전형적인 부처다. 독일의 예술가 힐트만은 운주사 돌부처에게 독일어로 말을 걸었더니 독일어로 대답하더라고 했다. 대하는 사람마다 다른 표정으로 다가오는 석불들에게 아주 적절한 표현이다. 하나하나가 모자라는 것 같으면서도 미소를 머금게 하고, 여기저기 서 있어도 현란하지 않다. 그래서 이곳에서는 길을 잘못 든 바람도 쉬어간다.

시위불 아래쪽으로 더 내려오면 칠성바위가 있다. 북두칠성이 지상에 그림자를 드리운 듯한 배열 상태라 한다. 그 원반형의 지름 크기는 북두칠성의 방위각이나 밝기와 흡사하다는 것이다. 과학이 크게 발달한 시대도 아니건만 그런 부분까지 신경을 쓴 조상들의 지혜는 놀랍기만 하다.

예로부터 우리 조상들은 칠성전에 명(命)을 빌지 않았던가. 칠성신앙은 민간 신앙이다. 일찍이 우리 나라에 불교가 깊이 뿌리내릴 수 있었던 것은 다른 신앙을 배척하지 않은 데 있을 것이다. 대부분의 사찰에는 칠성전이나 산신각이 함께 있다. 내가 아니면 안

된다는 식의 타종교에 비해 여유가 느껴지는 부분이기도 하다.

천불 천탑은 다 어디 가고 지금은 80여좌의 석불과 17기의 석탑만이 남아 있다. 남은 석불들의 꾸밈없는 표정은 이미 해탈이다. 불교의 근본은 깨달음과 중생의 구제에 있다고 하지 않던가. 나도 이곳 석불들에게 구원이라도 받고 싶다.

요즘은 중창불사라는 이름으로 사찰 본래의 아름다움을 파괴하는 곳이 많다. 자연은 자연 그대로일 때 자연이라 할 수 있듯이, 사찰도 본래의 모양을 지키고 있을 때 낯설지 않다. 오랜 풍화에 석불도 자연의 일부분이 되어 있다. 무위자연의 실천이다. 미완이라고 하지만 부처의 세계에선 이미 완성을 이루었는지도 모를 일이다.

햇살도 졸고 있는 운주사. 편안하게 누워있는 부부 와불. 그 미완이 있어 오늘 날까지 많은 중생들의 발길이 이곳을 찾는다. 비록 초대 받지 못한 객이지만 나도 오늘 돌부처들과의 인연으로 그 어떤 완성을 위하여 한 발짝 다가서고 싶다. 와불에게 다가가 살며시 손을 얹어 본다. 신음처럼 들리는 듯한 소리.

"미완은 완성이 되고…."

(2004.5.)

들국화 中……

조락에 드는 풀잎들의 속내는 가을바람이 먼저 안다. 어린아이 쓰다듬듯 바람은 풀잎을 시시때때로 쓰다듬고 있으니 말이다. 그 까슬한 바람결에 차츰 갈빛 옷을 입는 풀잎 속에서 장마철 햇빛같이 쨍한 반가움을 안겨주는 꽃이 들국화다.

속새

호리한 대궁은 청록의 기상이다. 그 단출 단아함은 짐을 내려놓은 듯 홀가분하다. 무소유를 가르치는 줄기 하나로 무극(無極)을 꿈꾸는가? 아니 그 고요야말로 이미 무극이다.

몇 년 전, 도심의 들꽃전시회에서 벌거숭이 속새를 처음 보았다. 푸른 대궁만으로 우두커니 서 있으니 매우 기이하였다. 잎이 없는 것인지, 있는데도 내 눈에만 보이지 않는 것인지 모를 일이었다. 오늘 시골 마을 야생화 전시회에서 다시 대하니 그때의 속새를 만난 듯 반갑다. 대궁의 푸른 기운은 계절도 비껴갔을까. 상록 다년초라고 하나, 가을에도 그토록 청청하니 만산홍엽이 무색할 지경이다.

채도가 낮은 시골집 들창은 아예 열려 있다. 햇살이 마음 놓고 전시장 안으로 들어와 속새에게 간지럼을 태운다. 그래도 개의치 않고 의젓이 서 있는 모습은 멀리 떠난 정인이라도 기다리는 것 같다. 그 끝없는 기다림. 만남을 목적으로 하지 않는 기다림. 무수한 세월이 흘러도 변함없이 길손을 맞는 장승. 그래! 알몸으로 세상을 대한다 해도 한 점 부끄럼이 없는 장승이다.

알몸이지만 초라하지 않고, 맑고 곧은 자세는 수도승의 기품이 느껴진다. 속이 비어 있고, 마디가 뚜렷한 것은 영락없는 대나무다. 속은커녕 마음의 짐 하나도 내려놓지 못하는 나로선 도저히 흉내낼 수 없는 모습이다. 그런 나의 속내를 들킨 것 같아 한없이 부끄럽기만 하다.

홀로 살기는 외로웠을까? 속새는 무리를 이루고 있다. 사람도 그처럼 같은 무리끼리 모여 사는 곳이 있다. 혈연을 내세우며 타성은 발도 못 붙이게 하던 집성촌이다. 각자 삶이야 어떻든 겉으로는 한없이 평화로운 마을. 그런 마을에서 태어나서 자라며 나는 웬만한 들꽃 들풀은 모두 눈에 익어 있다. 한데 속새는 무척 낯설다. 자생지가 들이나 산의 습지라고 한다. 그렇다면 내 고향에는 습지가 없었을까?

어쩌면 콩밭에서 김을 매거나, 조밭을 솎으면서 보았다고 해도 나는 잡초인 줄 알고 쑥 뽑아 버렸는지도 모른다. 여기 전시된 야생화도 곡식이 자라는 곳에 뿌리 내렸다면 잡초일 뿐이다. 잡초도 화분이나 화단에 심으면 관상용이 된다. 사람이 자신에게 맞는 환경과 위치가 있듯이 화초도 있어야 할 곳에 있을 때 꽃이라 한다.

가지와 잎을 숨기고 사는 속새의 꿈은 무엇일까. 내 앞에는 어떤 미래가 기다리고 있을까. 희망적이지 않아도 희망으로 사는 미래가 있기에 오늘이 즐거운 것. 그러나 불투명한 미래보다 인고의 세월이었더라도 확실한 과거가 더 따뜻하게 생각될 때가 있다. 분재된 속새의 미래를 점치기란 어렵다. 하루빨리 그에 맞는 자연의 품에 안겨졌으면 한다.

잎이 없으니 바람도 비껴가고, 시류에 흔들릴 일도 없다. 언제 어느 장소에서도 비굴하지 않고, 오로지 독야청청하는 모습에 하늘도 탄복했음일까. 속새의 주위에 상서로운 기운이 감돈다. 오래도록 내 눈길을 끄는 것도 결코 예사롭지 않다.

속새의 표피는 억겁의 세월을 물결에 시달린 몽돌같이 반드레하다. 한없이 자연스런 이미지 속에 나타나는 부드러움이다. 아마 어제 저녁 들창 너머로 들어온 달빛도 그 부드러움에 매료되어 은근한 눈길을 보냈으리라.

크고 작은 가지와 잎을 달고 바람이 지나갈 때마다 이웃들과 어깨를 비비적거리는 것이 초목이다. 속새는 서로 살 비빌 수도 없고, 형제와 이웃을 묵묵히 바라보기만 해야 하는 외곬의 운명. 사랑은 확인일 텐데 어찌 바라보는 것으로 만족하랴.

강원도 산골에서 수행중인 어느 수도승은 대낮에도 졸음에 빠질까봐 날카로운 칼로 대나무를 깎으며 정진했다고 한다. 자신을 다그쳐야 하는 고독한 수행정신. 속새는 지금 수행중이다. 파르스름한 정맥이 내비치도록 연약한 비구니처럼, 대궁이 가늘어 오히려 단호하다. 그 의지력을 시험하고 싶어 검지손가락으로 살짝 퉁겨 보았다. 왕산악이 타던 거문고의 현이 이렇게 떨었을까. 신라 향가 중 '제망매가'를 남긴 월명사(月明師)가 달밤에 경주 방내를 걸으며 피리를 불라치면, 하늘을 가던 달이 걸음을 멈추고 귀 기울였다고 하던가. 나도 그 달이 되어 걸음을 멈추고 속새가 울리는 현의 소리에 귀를 기울인다. 들릴 듯 말 듯, 끊어질 듯 이어질 듯, 환청을 울리는 소리.

충절이나 절개의 대명사는 대나무다. 하지만 대나무는 가리고 싶은 비밀이 많은지 바람이 불 때마다 '스스스' 몸을 떤다. 댓잎 스치는 소리는 무엇을 감추려는 몸짓인가? 그 소리의 비밀을 캐고 싶어 수많은 시인 묵객들이 애를 태우지 않았는가. 나는 차라리 충절의 대명사는 속새라 하고 싶다.

그러고 보니 속새가 잎을 숨긴 이유를 알 것 같기도 하다. 굳이 가릴 비밀도 없고, 사람들의 애간장을 녹이며 자신을 알리고 싶지 않은 것이다. 가지와 열매를 달지 않는다고 무슨 재미로 세상을 사느냐며 연민의 눈길을 보내는 것은 나의 시각일 뿐. 모든 것이 거추장스러운 듯한 저 고고한 형상은 이 잡다한 속세(俗世)와는 거리가 멀다.

속새는 속세가 아니다.

나의 문학수업 시절
—풀밭에서

귀가 멍하다. 이명(耳鳴)은 아니다. 기압의 차이에서 오는 현상인 것 같다. 주위를 둘러보니 풀들이 모두 키를 낮추고 있다.

고산(高山)식물은 대체로 세찬 바람을 피하기 위해 키는 낮고, 뿌리가 튼튼하며 잎이 작다. 높은 산에서 바람에 시달리며 피어난 꽃은 그래서 더욱 고귀하다. 살기 위해 키를 낮춘 모양은 앙바틈하여 애처롭기까지 하다.

수필도 키높이를 낮추고 튼튼하게 뿌리내리면, 명작이 될 수 있을까? '나의 문학수업 시절'에 대한 원고 청탁을 받긴 했지만, 나는 아직도 문학수업 중이라고 말하고 싶다. 알고 싶은 욕망은 언제나 나를 목마르게 했다. 알고는 싶은데 채울 그릇은 삶의 파편들로 꽉 차 있어 받아들일 여유가 없었다. 그것은 차라리 갈망이었다.

부족하나마 내 아이들에게 어느 한 분야라도 가르침을 줄 수 없을까 생각 끝에 선택한 것이 글쓰기였다. 그렇다고 내가 문인으로 입문하리라고는 꿈에도 생각하지 않았다.

어느 해 봄, 일주일에 한 번씩 강의가 있는 문예창작반에 등록을 했다. 그러나 겨우 세 번 출석하고 남편이 사고로 세상을 떠났다. 허망함 속에서 수필을 잊어버렸다. 그런 속사정을 모르는 창작반 반장은 얼굴도 익혀지지 않은 나에게 전화해서 이런 저런 그쪽 이야기를 들려주며 공부하러 나오라고 했다. 나름대로 정한 원칙에 얽매여 집 안에 박혀 있는 동안 나의 감성은 어딘가에 고여 썩어가고 있는 것 같았다. 감성의 물꼬를 트기 위해 백지와의 씨름을 자처하였을까? 다시 세상을 향하여 첫발을 내딛는 기분으로 창작반에 나갔다.

그러나 그 몇 달 사이에 세상은 너무나 낯설게 느껴졌다. 행동 또한 부자연스러웠다. 그런 시험에 들며 수필을 계속할 것인가 말 것인가 고민했다. 유일한 위안은, 편지는 대상이 있어야 하지만 수필은 대상이 없어도 자신의 내면을 표현할 수 있다는 것이었다. 막상 수필을 시작했으나 배움에 대해 갈망했던 만큼 치열하게 공부하지도 못했다. 밤새우며 책을 읽거나 글을 쓰지도 않았다. 쓰기 위한 글보다 쓰고 싶을 때 쓰자는 생각이었다. 그래도 좀 더 잘 쓰고 싶다는 욕망은 늘 뇌리를 떠나지 않았다.

서리를 뒤집어쓰고 있는 낙엽을 보아도 쓰고 싶었고, 텅 빈 들녘을 보아도 쓰고 싶었다. 가슴을 앓는 사람을 보면 같이 끌어안고 싶었고, 언 땅을 가르며 돋아나는 새싹을 보아도 눈물이 났다. 어떻게 시작할까. 어떤 사색으로 꾸밀까. 어떻게 마무리를 지을까. 망설이고 벼르다가 책상 앞에 앉는 것이 두려워질 때도 있었다.

어린 날 어머니는 손수 짠 무명베를 적셔서 강가 모래밭에 널게 하셨다. 마르면 또 적셔서 널기를 반복하면 햇살에 무명베는 하얗게 바래졌다. 수필을 쓰다보면 암울한 현실이 그렇게 조금씩 바래질 것 같았다. 수필의 강은 넓고도 깊다. 나는 거기 겨우 한 발을 들여놓고 자맥질의 꿈을 꾼다. 어쩌다가 시작한 글 한 편에, 적재적소에 단어 하나를 찾아 넣었을 때 느끼는 감동은 차라리 희열이었다. 그러나 그 뜻에 맞는 단어를 찾지 못해 애태울 때는 절망이 앞섰다.

백화점 문화센터는 수십 가지 배움의 장을 만들어 놓고 있다. 한쪽은 주 고객층인 주부들을 끌어들이는 상술적 차원에서, 한쪽은 좀 더 지적인 욕구를 채우기 위해 문화센터가 존재하는 것 같다. 상부상조 공생공존의 위치에서 서로를 활용하고 있는 것 같지만 실업률이 최악이라는 불경기에도 호황을 누리는 백화점 매장을 보면 어느 쪽이 더 득을 보고 있는지 알 만하다. 문화센터 수필반을 찾는 사람들 중에는 몇 번 출석하고 포기하는 이들이 더러 있다. 이것은 문학을 지적인 것에 대한 욕구만 가지고 접근하기 때문이 아닐까. 흔히들 수필을 쉽게 생각하는 것 같지만 중도에 포기하는 사람들을 보면 꼭 그렇지만도 않다.

수필이란 독자를 위한 것인지 아니면 자기성찰의 글인지 알 수 없다. 공부를 할수록 지적 콤플렉스에 빠지기도 한다. 그렇다고 쓰지 않고 던져 놓아도 마음이 편치 않기는 마찬가지다. 그런데도 자꾸 수강신청을 하는 것은 나는 쉽게 포기하는 부류가 아니라고 목청을 돋우고 싶기 때문인지도 모른다. 이거야말로 진퇴양난이다. 문인들이 이 사회의 정신적 질병을 치료할 의무가 있다고 주장하던 어느 작가의 목소리가 진퇴양난에 더욱 부채질을 한다. 아직도 나는 "수필은 이런 것"이라고 단언할 수 없는 처지이고 보면 수필의 끝은 어디일까 싶다.

붓 가는 대로 쓰는 수필이라며 격을 낮추는 예가 더러 있지만, 쓰는 이의 가슴앓이만큼 생멸(生滅)하는 것이다. 난해하게 은유하고 비유하는 시나, 허구의 소설보다 진솔한 수필 한 편이 더 감동을 줄 때도 있다. 실제로 몽테뉴의 수상록이나 피천득 선생의 수필은 오래 간직하고 싶은 작품이 아닌가. 글 한 편을 다 쓰고 난 뒤의 기분은 결코 홀가분하지가 않다. 참으로 답답하고 부담스럽다. 세상에 내놓을 것인가 말 것인가 이만저만 망설이지 않는다.

"죽음이여! 마지막 계약에 봉인하도다."

어느 영화에서 남자 주인공이 사랑하는 여자를 따라 죽으려고 극약을 마시며 한 말이다. 나도 '수필이여! 그 마지막 붓에 봉인하도다.' 하리라.

(2001.9.)

들국화

조락에 드는 풀잎들의 속내는 가을바람이 먼저 안다. 어린아이 쓰다듬듯 바람은 풀잎을 시시때때로 쓰다듬고 있으니 말이다. 그 까슬한 바람결에 차츰 갈빛 옷을 입는 풀잎 속에서 장마철 햇빛같이 쨍한 반가움을 안겨주는 꽃이 들국화다.

서리를 맞고도 함초롬이 피어 있는 들국화는 애잔하기도 하고 바라보는 눈빛을 아련하게도 한다. 그 모습에서 문득 며칠 전 신문에서 본 어떤 여자아이가 떠오른다. 순박하고 여리게 보이는 그 아이는 이웃 동네에 살고 있는 열한 살배기 여자아이다. 기사를 읽으면서 세상은 아이들을 이끌어 주기도 하지만, 궁지에 몰아넣기도 하는구나 싶었다.

기사를 읽다가 가슴이 답답하여 신문을 밀쳐두고 베란다로 나가 그 아이가 살고 있는 동네를 건너다보았다. 저 수많은 집들 어딘가에 그 아이는 참새같이 여린 가슴을 떨고 있으리라. 나는 냉수를 벌컥벌컥 마셨다. 그래도 진정이 되지 않아 다시 신문을 집어 들었다.

그 아이가 신문사 편집국장 앞으로 보낸 편지 내용은 이렇다. 엄마는 두 살 때 집을 나갔고, 아빠는 병환으로 세상을 떠나며 전세금 삼백만 원을 남겨주었는데, 그것을 떼이게 되었으니 찾아 달라는 것이었다. 그 사연인즉 집주인이 방을 비우면 전세금을 내주겠다고 해서 비워 주었더니 열 달이 지난 지금까지 차일피일 미루기만 하다가 갑자기 그 집이 경매 처분 당하게 되었다는 것이다. 어린것의 홀로 서기에 어른들의 딴죽걸기다.

신문을 잡은 손끝이 떨렸다. 언젠가 불쌍한 소녀가장을 이웃의 못된 어른들이 돌아가며 성폭행했다는 뉴스에 치를 떨었던 적도 있다. 또 어머니의 빚을 갚으라는 사채업자들의 협박에 못 견뎌 동생에게 유서를 남기고 자살한 소년가장도 있었다. 이 아이의 이웃에도 그런 나쁜 사람들이 있지나 않을까 걱정이 앞선다.

그 아이는 지금 엄마의 품속이 그리울 나이다. 우리 아이들은 그맘때 "씻어라, 밥 먹어라, 가방 챙겨라"를 하루에도 몇 번씩 하게 했는데, 이 아이는 당연히 어른들로부터 받아야 할 보호막이 상실되어 버린 셈이다. 어미 잃은 새끼를 다른 동물이 대신 키워주는 것을 본 적이 있다. 동물들이 할 수 있는 일을 나라고 못하랴. 이런 생각을 하니 가슴이 뛰었다. 아침 식사를 하면서 아들에게 먼저 물어보았다. 이웃 동네에 사는 여자아이가 이러고 저러고 해서 엄마가 데려와서 키우면 어떨까 하고.

"엄마 능력 되면 키우세요." 하며 아주 쉽게 대답을 해버린다. "능력이란 게 뭔데?" 하고 물으니 "먹이고 입히고 학교 보낼 능력 말이에요."라고 한다. 알면서도 능력이란 게 뭐냐고 묻는 나의 속내는 아주 뻔하다.

그 능력에 자신이 없기 때문에 아이에게 다시 확인 받고 싶었는지도 모른다. 아들 녀석이 가장 현실적인 말을 하니 몹시 씁쓸했다. 또 한편, 감상적이기만 한 어미의 말에 녀석이 일침을 놓는 것 같아 자존심이 상하기도 했다.

어느 텔레비전 방송에서 불우 어린이 돕기 캠페인을 벌인 적이 있다. 심장병이나 백혈병, 그리고 희귀병을 앓는 어린이를 돕는다는 취지가 참 좋았다. 아들아이에게 그 프로를 보여주고 싶어서 함께 보았다. 어른들의 무지와 가난이 어린 생명을 시들게 하는 것 같아 눈시울을 적셨다. 다행히 많은 성금이 답지하여 세상이 그리 삭막하지만은 않다는 것을 느꼈다. 그러나 간혹 어떤 사람들은 화면에 얼굴 한번 비추는 게 목적인 것 같은 인상을 풍기기도 했다. 보여주기 위한 선행, 그런 모습을 보면 왜 내 얼굴이 뜨거워지는 모르겠다.

사람은 누구나 행복하게 살 권리가 있다. 불행한 사람을 도우며 자신의 행복을 확인한다면 그가 오히려 불행한 사람일지도 모른다. 남보다 행복하고 가진 게 더 많다는 것은 어떤 사람의 몫이 자신에게 조금 더 와 있다고 생각하면 어떨까. 세상사 모르는 일, 다른 사람의 딱한 사정이 내 일이 될 수도 있는 것이다.

선덕여왕은 당나라 태종이 보낸 모란 그림과 그 씨를 보고도 모란꽃에 향기 없음을 알아맞혔다. 신하들이 어떻게 알게 되었느냐고 하니 "꽃 그림에 나비가 없으니."라고 했다는 것이다. 나는 모란처럼 크고 화려한 꽃은 별로 좋아하지 않는다. 찬 서리를 맞아서 더욱 향기로운 들국화가 더 좋다. 사람도 마찬가지다. 가진 게 많은 사람보다 없어도 주위를 밝게 하는 사람이 더 정이 간다.

신문기사가 나가고 며칠 후, 그 아이의 사연은 텔레비전 방송에서도 다루었다. 화면으로 바라본 아이는 무리를 벗어난 들국화처럼 추워 보였다. 하지만 들국화의 강인함이 엿보이기도 했다. 그 아이는 된서리를 맞고서야 사람들의 이목을 끌게 된 한 송이 들국화였다. 인간은 인고의 세월이 성숙시킨다. 이제 그 아이는 아픈 만큼 피어날 것이다.

신문과 텔레비전의 위력은 대단했다. 그 아이 앞으로 잃어버린 전세금보다 더 많은 성금이 들어오고, 구청에서는 전세금을 선뜻 내주었다는 뉴스였다. 입양을 희망하는 독지가도 나타났다고 했다. 뉴스 진행자의 목소리가 어느 때보다 밝고 힘차게 들렸다. 덩달아 나도 밤 아랫목에서 국화차를 마시는 듯 마음이 따스했다. 갑자기 좋은 일이 넘치니 그 아이가 들국화의 순수를 잃을까 염려스럽기도 하다. 어느 산골 소녀가 매스컴을 타더니 유명세에 오히려 불행해진 사건도 있지 않은가.

부디 오래도록 순박한 향기를 잃지 않기를 빌어본다.

삼굿

초여름 아침 식전, 앞산 산등성이가 희붐해지면 우리 집 초가지붕이 맨 먼저 여명을 받았다. 여명은 방문 창호지를 물들이고 아버지의 호령 소리에 놀라 깬 남동생과 나는 눈을 비비며 들길을 따라 나섰다.

아버지는 삼을 베는 일에 어린 우리를 그렇게 앞세우고 가셨다. 아버지가 삼을 베어 눕히면 우리가 할 일은 나무로 만든 삼칼로 잎을 쳐내는 것이었다. 삼칼은 금방 푸른 물이 들어 시퍼렇고, 삼잎은 앙탈이라도 하듯 사방에 이슬을 뿌리며 옷을 적셨다.

잎을 쳐낸 삼을 아름드리로 묶어 삼굿까지 옮기는 일은 아버지의 몫이다. 긴 삼단을 지고 가는 아버지의 등은 저울추처럼 무게의 중심을 받치고 있었다. 체면을 중히 여기던 아버지도 삼짐을 지고 좁은 길을 갈 때는 게걸음을 걸으셨다. 뒤를 따르던 우리는 바닷가를 기어다니는 게를 떠올리며 웃곤 했다.

벽돌로 벽을 쌓은 삼굿은 동네의 공유물이었다. 마을 어귀의 도랑가에서 여름 한 철 쓰이기 위해 비가 오나 눈이 오나 그 자리에 있었다. 겨울철에 하얀 눈이라도 쌓이면 무덤같이 처연해 보이지만, 한여름 며칠간은 주위에 사람들이 모여 매일 동시루같이 김을 올리곤 했다.

아버지는 본래 농사일이 몸에 붙지 않았다. 외할머니 말씀에 의하면 훤칠한 키에 관옥 같은 모습은 천하에 한량이라고 하셨다. 그런 아버지께서 푸새한 두루마기를 입고 장에 가시면 얼룩 하나 묻히지 않고 돌아오셨다. 어머니는 깨끗한 두루마기를 보고 괜히 역정을 내셨다. 아버지의 정갈함이 농사꾼의 모습이 아니라고 생각하셨던 것 같다.

한국전쟁 때 죽을 고비를 몇 번이나 넘기고도 아버지는 직업 군인으로 남기를 원하셨다고 한다. 그러나 할아버지께서 반기를 드셨다. 한 번 전사통지를 받고 놀란 적이 있었으니 다시 살아온 막내를 군에 남겨 두고 싶지 않으셨을 것이다. 막 휴전이 된 군에 남아 있게 하는 것은 몹시 불안하셨으리라.

아버지는 장 출입이 잦고, 술추렴이 잦았다. 농한기에 다른 사람들이 나뭇가리를 불려 가는 재미에 산을 오르내릴 때, 아버지는 투전판을 기웃거리셨다. 그래서 우리 집 나뭇가리는 늘 바닥이 보였다. 우시장에서 큰 소를 팔고 작은 송아지로 바꿔 오는 날은 아랫마을 주막집에 들러 밤샘을 하실 때도 있었다. 엄동설한에 이십여 리를 송아지를 몰고 오시다가 잠깐 목을 축이고 싶었을 것이다. 잠깐이 밤샘이 되면 어머니는 송아지가 저녁여물도 먹지 못하고 한데서 울부짖을 걸 생각하며 몹시 애를 태우셨다. 어느 날은 그렇게 몸부림치던 송아지의 고삐가 풀려서 도망을 갔다. 다음날 아침 송아지를 찾느라고 동네가 발칵 뒤집혔다. 송아지는 동네 입구에 있는 삼굿에 기대어 바람을 피하고 있더라는 것이었다. 어머니는 그 어린 것이 얼마나 춥고 배고팠으면 그랬을까 하고 눈물을 찍어내셨다. 그때의 소는 살림 밑천이었고 한 식구 같았으니 어머니가 그럴 만도 했다.

삼을 찌는 일은 밤중에 장정들 몇이 어울려서 했다. 삼굿 가마에 삼단을 차곡차곡 쌓고 그 위에 멍석을 덮고, 그 위에 또 흙을 덮고 불을 지폈다. 아름드리 삼단을 익혀낼 정도라면 그 안에서 못 익혀낼 것도 없다. 농부의 한도, 꿈도 서리서리 넣어 익혀냈을 것이다. 삼굿 아궁이 앞에 앉아 있는 아버지는 그때만큼은 장인 같은 진지함이 느껴졌다.

새벽녘에야 아버지는 익은 삼단을 꺼내서 도랑에 담그고 땀에 젖은 옷을 입고 돌아오셨다. 어른들은 삼복지경의 몹시 더운 날을 삼굿 같은 날씨라고 했다. 삼굿이 더운 날의 대명사였다. 한여름엔 이글거리는 불길로 뜨겁던 삼굿이, 겨울이면 아궁이에 식은 재만 날리니 그 을씨년스러움이 말할 수가 없다.

오후 쉴 참에 아버지가 도랑에서 삼단을 지고 오시면 온 가족이 둘러앉아 삼을 벗긴다. 그때 앞에 가지런히 쌓이는 겨릅대를 보면 삼대 속에 그렇게 하얀 뼈대가 가려져 있을 줄이야. 겨릅대는 말려서 발을 엮기도 했고 땔감이 되기도 했다.

삼을 벗기고, 훑고, 째고, 삼고, 베를 매고, 짜는 과정은 오르지 여인네의 손길로 이루어진다. 겨울밤 삼을 삼던 어머니의 눈꺼풀이 자꾸만 아래로 내려올 때쯤 뒷산 참나무 숲에서 부엉이가 울었다. 그러면 왠지 모를 한기에 나는 더 깊이 이불 속으로 파고들었다. 외풍 센 방에서 속곳을 무릎까지 걷어붙이고 맨살에 삼을 비벼서 삼는 모습이 너무 시리게 보였기 때문이었다.

어느 때부터인가. 화학섬유와 중국산 삼베가 판을 치더니 여인네들은 곤고한 길쌈에서 해방되었다. 그러나 노르스름한 중의적삼을 입고 유유자적 나들이를 하시던 우리 아버지를 생각하면 그 멋이 여간 아쉽지 않다. 아버지는 그런 멋을 뒤로하고 솔가하여 고향을 떠났다. 그 후 삼굿도 슬며시 사라졌다. 농부가 고향을 떠나는 터에 삼굿인들 제자리를 지킬 수 있었겠는가.

지금도 고향에 가면 뒷산 솔숲에는 정자가 있고, 마을 가운데는 풍화에 삭은 서당이 있다. 문중 차리고 사는 마을의 상징적 유물이다. 아무런 상징도 되지 못한 삼굿은 흔적이 없다. 드라마 토지에서, 삼 찌는 작업이 재현되는 것을 보고 참으로 반가웠다. 안동포의 고장인 고향의 박물관에서도 볼 수 없었던 삼굿이 아닌가. 그 과정을 과연 몇 사람이나 이해할까 싶기도 했다.

삼굿을 떠올리면 눈에 삼삼하고, 일찍 세상을 뜨신 아버지를 생각하면 가슴 위에 돌 하나 얹어 놓은 듯하다.

전통문화의 뿌리

매일 지나치는 길목에 능소화가 만발하였다. 불을 밝힌 듯 환한 꽃이 주저리주저리 맺힌 것을 보면 저항 시인 이육사(李陸史)의 「청포도」라는 시가 생각난다.

내 고장 칠월은
청포도가 익어가는 시절
이 마을 전설이 주저리주저리 열리고…

이육사! 나는 그 이름만 들어도 가슴이 뛴다. 나와 고향이 같아서만은 아니다. 그는 항일단체인 의열단에 가담하여 나라의 독립만 생각하다가 젊은 나이에 옥중에서 죽어갔고, 문인으로서도 그 이름이 찬란히 빛나고 있기 때문이다.

능소화와 포도 넝쿨은 무엇이든 의지하여 친친 감고 올라가 꽃을 피우고 열매를 맺는다. 안동 사람들은 의지할 높은 산도, 광할한 바다도, 넓은 평야도 없다. 다만 안동댐이 있는 낙동강을 끼고 살며 지역에 대한 긍지를 잃지 않고 있다.

고향은 떠남으로 존재한다던가. 고향을 떠난 지가 강산이 몇 번은 바뀌었을 세월이다. 그러나 아직도 고향이란 말은 아련한 향수에 젖게 한다. 누군가가 나에게 고향을 물어올 때 안동이라고 대답하면 열에 아홉은 "아! 양반의 고장." 한다. 아무리 들어도 싫지 않은 인사말이다. 그럴 때 조금은 어깨가 으쓱해지며 고향의 명성에 맞게 처신하고 있는가 자신을 뒤돌아보게 된다.

경상북도 북부에 있는 안동은 낙동강 상류에 자리를 잡았다. 현재 안동의 인구는 약 18만에 가깝다고 한다. 1970년대에 비해 오히려 인구가 줄어들었지만 유교문화의 뿌리는 어느 지역보다 깊다. 안동을 양반의 고장이라고 하는 데는, 이 퇴계 선생을 비롯하여 농암 이현보, 학봉 김성일, 서애 유성룡 등 수많은 명신(名臣) 거유(巨儒)들을 배출시킨 곳이기 때문이리라.

안동 사람들이 지역에 대한 긍지가 얼마나 대단한지 한 가지 일화가 있다. 지금은 안동군이 안동시로 편입되었지만, 1963년 안동읍이 시(市)로 승격하면서 안동이라는 지명을 서로 차지하려고 군민과 시민이 벌떼같이 일어났다고 한다. 결국 양쪽의 뜻을 존중하여 시(市)와 군(郡)이 안동이라는 지명을 같이 쓰게 되었다.

안동에는 문중을 차리고 사는 가문의 종가(宗家)가 많다. 하회의 풍산 유씨, 풍천면 가일의 안동 권씨, 풍산읍 소산리의 안동 김씨, 무실의 전주 류씨, 토개리의 진성 이씨, 내앞의 의성 김씨 등. 그 외 여러 명문의 종가들이 문중의 구심점이 되어 유교문화를 계승해 왔다.

법흥동의 고성 이씨 종가인 임청각은 보물 제182호로 99칸 집이다. 우리나라에 현존하는 살림집 중 가장 큰 규모라고 한다. 일제의 철도 부설 때 50여 칸의 행랑채와 부속 건물을 철거당하고도 이런 규모를 보여주고 있으니 참으로 대단하다. 세종때 영의정을 지낸 이원(李原)의 여섯째아들이 이곳의 풍광에 매료되어 자리를 잡았다고 하는데, 상해 임시정부의 초대 국무령을 지낸 이상룡 선생이 임청각 출신이라는 것은 안동의 자랑이다.

어느 지명사전에 보면 안동은 지방정치의 중심이었고, 옛날부터 학풍이 왕성하여 거유(巨儒) 석학(碩學) 명관(名官)을 많이 배출하여 지금도 한국 유림의 본고장인 듯한 느낌을 준다고 쓰여 있다. 실제로 퇴계 선생이 도산서당에서 배출한 제자는 요즘 장관 직급에 버금가는 명관 석학들이 300여 명에 달했다고 전한다. 그래서 나라에서도 함부로 할 수 없는 선비의 자존심이 버티고 있었던지 대원군의 서원 철폐령에도 불구하고 유서 깊은 서원이 아직도 곳곳에 남아 있다.

지체나 신분이 상류계급으로 문관이나 무관이 될 자격이 있는 문벌을 양반이라고 한다. 조선시대에 형성된 4계급(양반, 중인, 상민, 천민) 중 최상위 계급이다. 양반 중에도 글만 읽는 이는 선비, 정치에 종사하면 대부, 덕이 있으면 군자라 했다. 양반들의 유교사상이 다 좋은 것은 아니다. 남존여비(男尊女卑), 칠거지악(七去之惡), 열녀는 불사이부(裂女不事二夫)라고 해서 여성을 옭아매는 법은 지금에 와서는 의미가 없는 일이다.

안동의 국보급 문화재는 4점이 전해온다. 국보 제15호로 지정된 한국 최고(最古)의 목조건물 봉정사 극락전, 신라시대에 쌓은 법흥동 7층 전탑, 서애 유성룡이 임진란 때 일기 형식으로 쓴 징비록, 그리고 하회탈이 있다. 또 무형 문화재로는 하회 별신굿과 차전놀이가 전해온다. 하회마을과 봉정사는 몇 년 전 엘리자베스 여왕이 다녀간 후로 대표적인 명소가 되었다.

잘 알려진 특산물로는 안동포와 안동소주를 손꼽을 수 있다. 그 유명하던 안동포가 지금은 화학섬유에 밀려 겨우 명맥만 유지하고 있을 따름이다. 내가 어릴 때만 해도 마을에서 집집마다 베틀 소리가 '딸깍딸깍' 들려왔고, 열두 새 올 고운 안동포로 지은 도포를 입으신 노인들이 자주 눈에 띄었다.

안동에는 명문들의 집성촌이 많다. 내가 태어났던 북후면 오산동도 영양 남씨 집성촌이다. 마을 앞에는 시냇물이 흐르고, 뒷산 솔숲에는 선비들이 노닐던 정자가 있고, 마을 가운데는 다 쓰러져 가는 서당이 있는 전형적인 시골 마을이다. 이웃 사람 모두가 할아버지, 할머니, 아재, 아지매, 언니, 오빠로 부르는 일가친척이다. 그래서 갑돌이와 갑순이 사연같이 한 동네의 처녀 총각이 눈 맞을 일은 있을 수가 없었다.

고향을 떠올리면 가장 아쉬운 게 내 어릴 적의 추억이 고스란히 담긴 초등학교가 폐교가 된 것이다. 몇 년 전 소문만 듣고 찾아갔더니 묘목장으로 변해 있어서 얼마나 황당했는지 모른다. 그것이 오늘날 농촌의 실정인 것을 어쩌랴.

누구나 고향 하나쯤 간직하고 살 것이다. 없으면 없는 대로, 있으면 있는 대로 보이지 않는 터전 하나 가슴속에 묻어두고 싶을 것이다. 그 끈끈한 고향을 생각하면 설레어서 좋고, 멀리 떨어져 있으니 그리워서 좋다.

멍에를 걸고

관중들의 함성에 경기장이 들썩거린다. 소들은 선한 눈망울을 굴리며 바투 잡은 고삐에 끌려 경기장으로 들어간다. 소는 맨 처음 인간에게 잡혀 길들여진 조상들의 방심이 얼마나 원망스러울까.

싸우는 시간은 제한이 없다. 다만 공격 중에 먼저 달아나는 소가 패한다. 몸무게에 따라 갑, 을, 병으로 나누어 체급별로 싸우는데 옆치기, 뿔치기, 목치기, 들치기 등 다양한 기술을 구사한다. 그 기술이라는 게 사람들이 갖다 붙인 이름이지 소가 알고 하는 짓일까.

나흘간의 대회 기간 중 내가 관람한 날은 사흘째였다. 결승을 향해 이미 여러 게임을 치른 소들 중에는 머리가 피로 얼룩진 소도 있다. 그 중에서 역산이와 고집이라는 이름을 가진 소의 경기를 흥미롭게 봤다. 사회자의 말에 의하면 역산이는 목 힘이 좋기로 소문났다고 했다. 밀치기와 목치기로 꾸준히 공격하는 역산이를 맞아 고집이는 이름에 걸맞게 버티기 작전이었다. 우주(牛主)들은 그 옆에서 기합을 넣으며 소만큼 애를 쓴다. 그것은 상금을 따내라고 부추기는 모습이다.

경기 삼십여 분이 지나면서 고집이는 불알을 축 늘어뜨리고, 혀를 빼물었다. 그래도 물러나지 않고 머리를 들이밀고 있으니 사회자는 역산이가 다 이긴 게임이라고 했다. 그러나 그때까지 잘 싸운 역산이가 머리를 돌려 달아나고, 고집이는 오줌까지 지리며 그 자리에 여전히 버티고 서 있었다. 사회자는 이변이 일어났다고 떠들고 관중들은 두 마리 소에게 우레와 같은 박수를 보냈다. 잘 버틴 승자, 잘 싸우고 포기한 패자, 참으로 깨끗한 승부였다. 인류의 제전이라고 하는 올림픽경기에서 승자와 패자의 엇갈린 주장들이 난무하는 것은 소에게 한 수 배울 일이다.

무대 뒤편에는 수십 칸의 임시 우사(牛舍)가 있었다. 싸울 때의 그 힘과 영광은 다 어디 가고 소들은 지쳐서 엎드려 있다. 그 옆에서 한 우주가 소의 상처를 소주로 씻어내고 연고를 발라주고 있다. 그 상처를 가지고 또 싸워야 하느냐고 물어보았더니 출전할 때는 상처 부위에 부분마취제를 맞고 나간다고 했다. 소들은 그렇게까지 싸우고 싶을까. 어떤 소는 코뚜레에 끌려가다가 무대 입구에서는 들어가지 않으려고 엉덩이를 뒤로 빼며 뻗대 본다. 그래도 쇠로 만든 코뚜레는 인정사정이 없다. 싸리나무로 만든 코뚜레는 그렇게 비정하지는 않았으리라. 쇠와 싸리나무의 차이가 비정과 온정의 차이를 넘나든다.

뻗대던 소도 무대에만 서면 앞발로 모래를 긁으며 기(氣)싸움을 한다. 두 마리 소가 이마를 맞대고 싸움이 시작되면 비로소 코뚜레를 풀어 준다. 코뚜레에서 해방시키는 것은 죽도록 싸우라는 뜻이다. 그 해방이 멍에가 되어 이마가 짓이겨지도록 상대를 밀어붙여야 한다.

소가 너무 가엾다고 혼자 중얼거렸더니 하루종일 쟁기질하고 달구지 끌던 때에 비하면 편하지 않겠냐고 했다. 이 대회에 나오기 위하여 십전대보탕과 미꾸라지를 달여 먹인다고도 했다. 그렇구나. 소는 놀고먹는 대신 주인에게 상금을 안겨 주어야 했구나. 사물놀이의 꽹과리 소리만큼이나 특별한 힘을 뽐내야 했구나. 어쩌면 소에겐 아픔을 잊게 하는 마취제도 멍에일지 모른다.

소싸움은 농경문화가 정착되며 목동들의 심심풀이로 시작되었다고 한다. 서로 자기 지방의 소싸움이 원조라고 우겨대는 모양을 보고 있으면 내 어릴 적 소싸움이 생각난다. 또래들과 소를 먹이러 가면 고삐를 풀어놓고 우리끼리 놀기에 바빴다. 소들은 풀을 뜯다가 저절로 싸움이 붙는 경우가 있었다. 머리를 맞대고 씩씩거리는 그 격렬한 힘은 산이라도 밀어붙일 것 같았지만, 싸움은 간단히 끝났다. 아무런 이해타산이 없는 소들의 객기였다고 할까.

투우는 목축업이 발달한 나라에서 수소의 죽음을 신에게 바치는 의식으로 시작되었다고 한다. 투우사가 빨간 천을 흔들면 소는 저

죽을지도 모르고 돌진을 하고, 여러 명의 투우사가 교대로 나와 소의 힘을 빼며 창으로 찌른다. 정신이 혼미해진 소는 마지막 돌진을 하고 투우사는 자랑스럽게 급소를 찔러 목숨을 끊는다.

모든 생명은 인간과 함께 이 지구에서 살아갈 권리를 부여받았다. 먹이사슬에 의해 인간이 어떤 생명을 취해야 한다면 고통 없이 보내야 할 것이다. 생명을 가지고 게임을 하는 것은 차마 봐 줄 수가 없다. 투우사들이 소를 죽을 때까지 찔러대는 것을 지켜보며 관중들은 환호하고, 그 고기는 비싸게 팔려 나간다고 한다. 의사표시를 할 수 없는 동물을 죽이며 환호하다니 생각만 해도 끔찍하다. 다행히 최근에는 그 나라에도 투우를 반대하는 단체들이 생겼다고 하여 다소 마음이 놓인다.

동물들은 예지능력이 있어서 자연재해가 일어날 때 미리 대피하여 피해를 입지 않는다고 들었다. 소가 도살장에 끌려갈 때 눈물 흘리는 장면을 본 적이 있다. 그 큰 눈에 고인 눈물을 보고 나도 따라 울었다. 그 뒤로 나는 쇠고기를 꺼리게 되었다.

멍에는 본래 소의 목덜미에 거는 것이다. 물질만능 시대에 부합한 오늘날의 소싸움은 인간이 소에게 걸어준 또 하나의 멍에가 아닐까.

빨간 립스틱

아들 녀석이 이 빠지는 꿈을 꿨다고 했다. 저들 아빠가 세상을 떠날 때도 같은 꿈을 꿨던 아이다. 아들도 은근히 걱정스러운 듯 이야기를 꺼냈다. 순간, 이번에는 내 차례구나 하는 불길한 예감이 스쳤다.

유언이라도 몇 자 남겨야 할 것 같아 가게에 나가려다 말고 다시 들어와 펜을 들었다. 막상 펜을 들고 보니 쓸 말이 없다. 남길 유산이 없으니 분배할 일도 없고, 아이들이 다 컸으니 제 앞길 알아서 갈 것이고, 오직 한 가지 문학에 발 들여 놓은 지 십 년이 넘게 책 한 권을 묶지 못한 게 아쉬울 뿐이었다.

유서라고 쓴 것이 고작 "엄마글을 이모랑 의논해서 책으로 묶어라."였다. 혹여 아이들이 미리 보면 놀랄 것 같아 쪽지를 안방 탁자

위에 살짝 숨겨 두었다. 만약 나에게 무슨 일이 생긴다면 아이들이 내 유품을 정리하다가 우연히 쪽지를 발견하고 또 한 번 엄마를 생각하겠지. 늘 바삐 돌아치며 푸근하지 못했던 엄마를 아이들은 어떻게 떠올릴까. 아이들에게 못해 주었던 일만 주마등처럼 스쳐 지나간다.

가게로 나가면서 차를 두고 택시를 이용할까 생각해 봤다. 죽을 운명이라면 운전을 하지 않는다고 피할 수 있겠는가. 차를 몰고 가는 길이 여느 때보다 조심스러웠다. 가게에 도착하여 일을 하고 있는데 저녁때 딸아이의 전화가 왔다.

"엄마, 이 쪽지 무슨 말이야?"

"그새 봤니? 아직 보면 안 되는데."

"엄마! 깜짝 놀랐잖아."

그날 이후 어떤 유언을 남겨야 아이들의 기억에 남는 유서가 될까 생각에 빠지곤 한다. 세상은 하루하루가 벼랑 끝이다. 어쩌다 발을 헛디뎌 천길 낭떠러지로 떨어진다 해도 앞날을 예측할 수 없는 게 인생이다. 태양도 긴 여정을 마치고 넘어갈 때는 한순간에 자취를 감추듯 사람이라고 다르겠는가. 찰나에 감을 눈이라면 사람은 왜 그렇게 많은 것을 눈에 넣기 위해 안달을 할까.

작년 1월, 북경의 한 대학에서 문학 세미나도 있고 해서 문인 40여 명이 4박 5일 일정으로 여행을 갔다. 만리장성에 가는 날이었다. 우리가 도착했을 때, 관리소 측에선 바람이 너무 거세다며 잠시 후부터는 케이블카 운행을 중단한다고 했다. 여기까지 와서 만리장성을 못 보게 될까봐 사람들은 너도 나도 케이블카에 올라탔다.

세찬 바람이 몰아치니 케이블카가 중간 지점에서 '덜커덩' 하더니 멈춰 섰다. 바람이 멈추면 다시 가다가 서기를 반복했다. 케이블카가 멈춰 설 때마다 덜커덩거리는 진동에 사람들은 여기저기서 비명을 질렀다. 어떤 젊은 여류시인은 '아악'하고 소리를 지르더니 옆에 있는 낯선 남자를 꽉 껴안았다. 삶에 애착이 많은 사람 같아 보였다. 그때 나는 창밖으로 까마득한 아래를 내려다보았다. '떨어지면 죽기 밖에 더할까.' 애써 키워주신 어머니가 지하에서 들으면 섭섭하겠지만 혼자 그렇게 중얼거렸던 것 같다.

위기에 처해 있을 때 여류시인의 태도가 더 인간적일 수도 있다. 내가 태연할 수 있었던 것은 이제 죽어도 그렇게 아까운 나이가 아닐 것 같아서이다. 언제부터인가 나는 하루하루를 유서를 쓰듯 살아간다. 외출하려고 현관을 나서다가도 다시 집 안을 돌아보곤 한다. 오늘 이 길로 나갔다가 집에 돌아오지 못하는 경우가 생긴다면 나의 흔적들이 너무 무질서해서는 안 된다는 생각이 들어서이다. 다시 들어가 흩어진 책을 간추리기도 하고, 벗어놓은 옷가지를 정리하면서 만감이 교차하기도 한다.

얼마 전에 친구가 나를 자세히 보더니 표정이 밝지 못하니 화사한 색깔의 립스틱을 발라보라고 권하였다. 어려웠던 지난날들을 들킨 것 같아 찔끔했다. 나도 립스틱을 고르는 자신에게 화날 때가 있다. 밝고 고운 립스틱을 사려고 갔다가, 집에 와서 보면 화장대에 있는 여러 개의 립스틱과 같은 브라운 계통이다. 딸아이가 보기에도 안 좋았던지 어느 날 빨간 립스틱을 생일 선물로 사왔다. 바를 자신이 없어서 망설이는 나에게 "엄마, 이 립스틱은 절대로 누구에게 주어서도 안 되고 다른 색으로 바꾸지도 마세요." 하더니 저가 보는 데서 발라보라고 했다. 어색한 내가 거울 앞에 앉아있었다.

좋아하는 색깔은 그 사람의 삶과 불가분의 관계에 있나 보다. 어려서부터 내 생활은 무채색을 닮아있었다. 화려한 색채의 꿈을 펼쳐야 할 자리에 짙은 흑백이 똬리를 틀고 있었다. 곤궁한 삶, 어린 동생들의 뒤치다꺼리, 어머니의 병구완도 장녀인 내 몫이 되었다. 아버지는 정신질환이 재발하면 온 가족을 두려움에 떨게 해, 나의 두려움은 차치하고 동생들을 다독여야 하는 짐도 지워졌다. 착한 남편을 만나 결혼을 하며 이제는 내게도 밝은 색이 어울릴 줄 알았다. 그러나 길지 못했던 남편과의 결혼생활로, 밝은 색은 여전히 멀어져만 갔다.

그렇게 살아오면서 밝고 화려한 것은 내 것이 아닌 줄 알았다. 자연히 밝은 색뿐만 아니라 빨간색 또한 기피하게 됐다. 문우인 M씨는 여자는 빨간 립스틱을 발라야 사업운도 트이고, 자식 앞길도 트인다며 늘 빨간 립스틱을 바르고 다닌다. 어쩌면 우중충한 색깔보다 빨간 립스틱이 더 잘나가는 여자로 보일 것 같기도 하다. 액운을 쫓는 제를 지낼 때도 붉은 팥을 켜켜이 얹은 시루떡을 상에 올린다. 더구나 자식의 앞길이 탁 트인다고 하지 않는가. 아들의 꿈은 해프닝으로 끝났다.

덤으로 주어진 인생, 이제부터는 빨간 립스틱을 즐겨보리라.

짐

거리의 걸객인가. 검은 개의 털은 먼지가 묻어 더럽다. 대형할인점 주차장에서 달리는 차량에 무방비로 노출돼 있어 바라보는 마음이 아찔할 지경이다.

얼마나 굶었는지 5킬로그램 정도의 몸무게는 갈비뼈가 앙상하게 드러났다. 그것을 보니 우리 집에 있는 시추 종류의 애완견 똘이가 생각난다. 오갈 데 없는 개를 잠시 맡았다가 어쩔 수 없이 키우게 되었지만, 우리 식구들의 사랑을 듬뿍 받고 있다. 동물은 사랑을 주는 만큼 따른다. 그게 기르는 보람이기도 하다.

급히 할인점 안으로 들어갔다. 내 볼일은 보는 둥 마는 둥 하고 빵을 한 봉지 사 가지고 개가 있던 곳으로 곧장 갔다. 개는 이미 그 자리를 뜨고 없다. 아쉬운 마음으로 집에 와서 빵을 식탁 위에 두었더니 학교에서 돌아온 아들 녀석이 맛있게 먹는다. 개 주려고 산 빵을 맛있게 먹으니 아들에게 조금 미안했다.

다음날엔 아들을 위해 빵을 사러 갔다. 할인점을 나오다가 검은 개와 다시 마주쳤다. 얼른 빵 두 개를 개 앞에 놓아주었다. 개는 그 자리에서 빵 한 개를 게 눈 감추듯 먹어치우더니 나머지 한 개는 누가 빼앗기라도 하려는 듯, 옆에 있는 화단으로 물고 가서 천천히 먹는다. 마른 빵을 급히 삼키는 것을 보니 내가 목이 말랐다. 물을 구해올까 생각해봤지만 그때가지 기다리고 있을 것 같지 않아 그만 두었다.

똘이는 피부병 때문에 두 달 가까이 동물병원에 다닌다. 병원에서 권하는 처방식 사료가 고급 쌀값보다 비싼데도 입맛에 맞지 않는지 까탈을 부린다. 그에 비해 먹을 것도 제대로 먹지 못하며 구차한 몸을 이끌고 떠도는 유기견은 언제 차에 치일지 모를 처지에 있다. 차라리 유기견 보호소에 가면 먹는 것은 걱정 없으리라. 즉시 구청에 전화를 걸어 유기견이 있으니 와서 데려가라고 했다. 담당자는 개를 붙잡아 매놓고 다시 전화하라고 한다. 그 사이에 개는 슬그머니 다른 데로 가버렸다. 나에게 끈이 없으니 당장 붙잡아 맬 수도 없었다.

그날부터 나는 손가방에 끈을 하나 넣고 다녔다. 유기견만 눈에 띄면 붙잡아 매 놓고 전화하리라. 나로 인해 버림받은 생명이 안전한 곳에서 먹고 잘 수 있다고 생각하니 희열에 차 있기까지 했다. 그러는 나를 보고 딸아이가 유기견 보호소란, 버려진 개를 한 달

간 보호하다가 주인이 나타나지 않으면 안락사 시키는 곳이라고 일러주었다. 손가방 속에 있던 끈을 당장 쓰레기통에 버렸다. 하마터면 나로 인해 죄 없는 생명을 죽일 뻔하지 않았는가.

며칠 뒤, 길에서 비를 맞으며 떨고 있는 하얀 개를 보았다. 깎을 때를 놓친 털은 이리저리 널브러져 눈을 가렸고, 꼬리에 난 상처가 아픈 듯 연신 혀로 핥고 있었다. 나와 눈이 마주치자 '나를 구해주세요.'라고 호소하는 듯한 그 절망의 눈빛, 차마 바로 볼 수가 없었다. 사람들이 곁을 스칠 때마다 깜짝깜짝 놀라기까지 하니 보기가 너무도 딱했다. 아마 우리 집이 아파트가 아니었다면 유기견으로 넘쳐날 것이다.

내 마음을 아는지 모르는지 하얀 개는 비를 맞으며 어슬렁어슬렁 그 자리를 뜬다. 그냥 보내면 오래도록 죄책감에 괴로울 것 같아 발걸음은 어느새 개를 따라가고 있었다. 먹을 것이라고는 튀김집밖에 보이지 않았다. 개에게 주려고 튀김을 조금 사 가지고 뒤돌아보니 흔적이 없었다. 근처 골목마다 살펴보았으나 허사였다. 개는 저를 버린 주인도 배반할 줄 모른다. 멀리 팔려갔다가도 죽을힘을 다해 옛 주인을 찾아가는 눈물겨운 개도 있지 않던가. 그렇다고 감정조차 없는 것일까.

딸아이가 초등학교 다닐 때였다. 아이가 학교에 간 뒤 방청소를 하는데 희미하게 고양이 울음소리가 들렸다. 소리나는 곳을 찾아보니 책장 속에 다 죽어가는 새끼고양이 한 마리가 숨겨져 있었다. 울 힘도 없어 보이는 고양이에게 우유를 먹이며 한 이틀 정성을 들여 봤지만 살리지 못했다. 아이에겐 이웃집에 주었다고 얼버무렸지만, 내 집에서 한 생명이 죽어나간다는 것은 유쾌한 일이 아니다. 아이의 말인즉, 버려져 다 죽어가는 새끼고양이를 동네 개구쟁이들이 가지고 놀며 귀찮게 하더라는 것이었다. 불쌍해서 집에 데리고 왔지만 엄마에게 혼날까봐 책장 속에 숨겨 놓고 먹이를 주다가 하루 만에 발각되었다는 것이다. 어린 고양이에게 죄가 있다면 이 세상에 태어난 죄밖에 없다.

한번은 고속도로휴게소에서 친구의 전화가 왔다. 유기견이 있는데 배가 고픈지 풀을 뜯어먹는다고 했다. 네가 봤다면 저 개를 어떻게 할까 싶어 전화를 했다는 것이었다. 나는 전화통에 대고 제발 무얼 좀 사서 먹이고 가까운 구청에 실어다 주라고 통사정을 했다. 친구 잘 둔덕에 팔자에 없는 짓 하게 됐다고 투덜거리는 친구에게 나는 착한 일 하면 죽어서 좋은 데 간다고 농을 해 주었다. 이제는 개가 다시 집을 찾아오지 못하도록 고속도로휴게소까지 갖다버리는 세상이 되었다.

언제부터인가 유기견, 유기고양이가 점점 늘어나는 추세라고 한다. 말 못하는 생명을 싫증난 장난감 버리듯 하는 사람들은 인간관계도 그럴 것이다. 동물도 자연의 일부분이다. 동물이 없는 세상은 인간도 살 수 없다. 고려시대 문장가인 이규보는 슬견설(蝨犬說)에서 이나 개나 목숨이 소중하기는 마찬가지라 했다.

나이가 들면서 버림받은 동물을 보는 것이 점점 더 괴롭다. 하다못해 집에서 기르는 앵무새의 부화되지 못한 알도 함부로 버리지 못해 산에 가서 묻어준다. 이러는 나를 이해할 수 없다고 하는 사람들을 보면 오히려 그들이 야박하게 느껴진다. 이제는 동물이 버려져 구차하게 사는 것보다, 한 달이라도 유기견 보호소에서 편히 먹고 살다가 죽는 게 낫겠다고 생각을 바꾸었다. 지금 이 순간도 거리를 헤매는 유기견이 나에게 SOS를 보내고 있을 것 같다.

진정 떨쳐 버릴 수 없는 짐이다.

빈지 틈으로

백부께서는 거의 매일 낫을 가셨다. 풀을 베는 낫, 나무를 자르는 낫, 곡식을 베는 낫 등 용도에 따라 다양했다. 가끔은 부엌칼, 창칼, 면도칼까지도 "쓱싹쓱싹" 소리를 내며 갈았다.

대를 물려가며 얼마나 갈았는지 숫돌이 닳아서 가운데가 움푹 파인 굴곡이 있었다. 백부께서는 낫을 갈았는지 숫돌을 갈았는지 모를 일이다. 굴곡은 숫돌의 나이테였고 백부의 땀이었다. 그 어른이 돌아가실 무렵의 허리는 숫돌과 반대로 묏등이 되어 있었다. 자신보다는 가족을 먼저 생각하고, 논밭을 가꾸고, 농우(農牛)를 돌보다가 굽은 등이다. 아버지께서도 농사를 지으며 낫을 갈았지만 우리 숫돌에는 굴곡이 없었다.

빈지 : 한옥의 부엌에서 마당 쪽으로 난 벽에 널빤지로 일정한 틈을 두고 짜 넣은 벽의 일부로서 일종의 환기시설.

낫은 식구 수와 비례한다. 식구들은 각자 자기 손에 맞는 낫 하나쯤은 가지고 있었다. 그런 만큼 식구가 많은 큰댁은 갈아야 할 낫이 많았다. 백부께서는 낫을 갈아서 부엌의 빈지 틈 사이에 일렬 횡대로 꽂아두셨다. 낫이 걸려 있어도 살벌하지 않고 오히려 형제들이 키 재기 하듯 정겨운 곳이 빈지 틈이다. 거기서 낫이 없어진 것을 보면 가족 중에 누가 무엇을 하러 나갔는지 단박 알 수 있었다.

들일을 마치고 돌아오면 낫부터 빈지 틈에 걸어놓고 요기를 하셨다. 그리고 들에 나가실 때 또 낫을 갈았다. 희로애락을 겉으로 드러내지 않던 백부께선 좀체 곁을 주지 않으셔서 나는 그분의 낫 가는 모습을 빈지 틈으로 엿보곤 했다. 백모와 어머니께서 내외해야 할 사랑방 손님이라도 오면 부엌에서 빈지 틈으로 엿보시던 모양을 흉내내는 꼴이었다.

마당에 있는 우물가에서, 양 무릎 앞에 숫돌을 세우고, 그 위에 물을 몇 방울 떨어뜨리고 낫을 쓱쓱 문지르신다. 낫을 너무 눕혀서 갈면 날이 서질 않고, 급한 마음에 낫등을 치켜서 갈면 옥갈리기 쉽다. 숙련공의 기술처럼 낫 가는 일도 오랜 경험에서 터득한 감각이 필요하다.

어느 정도 낫이 갈렸다 싶으면 엄지손가락으로 날을 슬슬 긁어도 보고, 미간을 찌푸리며 시퍼런 날을 쏘아도 보신다. 그때 나도 같이 미간을 찌푸리며 백부를 낫인 양 바라보았다. 그분의 이마에는 어느덧 땀방울이 송골송골 맺혀 있어 나는 공연히 내 이마를 훔쳤다.

사람들은 제각기 가슴속에 숫돌 하나씩 감추고 사는 것 같다. 학문을 갈고 닦기도 하고, 원수지간에는 이를 갈기도 하니 말이다.

빈지 틈으로 내가 진정 보고 싶었던 풍경은 단지 낫을 가는 일이었을까. 아마 땀 흘리며 일하시는 그분의 모습이었던 것 같다. 홀로 드리는 기도처럼 은밀하게 지켜보는 일은 가슴을 콩닥콩닥 뛰게 했다. 그때 어두운 곳에서 밖을 내다보는 습관은 미래에 대한 갈망이었는지도 모른다.

밝은 곳에서 어두운 곳을 들여다보면 앞이 깜깜할 뿐이다. 학덕과 지성을 갖춰 세인들의 관심과 추앙을 받던 사람들이 갑작스레 추락하는 모습이 그런 경우다. 경제적 불안으로 주름이 깊은 서민들은 아랑곳하지 않고 그저 당리당략에만 급급한 정치인들도 마찬가지다. 어제 오늘 일이 아닌 이 나라의 숙병(宿病)이라고 해야 할까. 지위에 따른 책무는 망각하고, 정체성마저 결여된 그들은 선거가 임박하니 국민이 숫돌쯤으로 보이는 모양이다. 땀은 흘리지 않고 칼라의 깃만 세우고 또 세우니 말이다.

빈지 틈으로 보았던 세상은 진실로 땀 흘리는 모습이었다.

몽고반점

농업엑스포 행사장에 이국적이고도 구슬픈 가락이 들렸다. 소리 나는 쪽을 돌아보니 세계풍물 시장 코너에서 인디언 복장의 외국인들이 공연 중이다. 무대도 없는 한 귀퉁이에서 쏟아내는 그들의 노래는 아무리 들어 봐도 너무 애절하다.

대물림으로 전해오는 혼의 소리. 나의 달팽이관은 그 가락의 진동에 떨며 연민을 자극한다. 화면을 통해서 인디언을 접할 때면 그들의 생활이나 음악, 그리고 까무잡잡한 얼굴에 커다란 눈망울이 늘 슬프게 느껴지곤 했다. 아마 그 민족의 본질을 잃어가는 것에 대한 연민이 아닐까. 그들에게서 터전을 빼앗은 사람들은 오히려 주객이 전도되어 떵떵거리며 살고 있는데 저들의 삶은 왜 그다지 곤고한가.

그들의 불행은 1519년 아즈데카제국의 마지막 황제인 '몬테수마'가 스페인 왕에게 충성을 맹세하면서 시작되었다. 스페인의 탐험대장 '코르테스'는 고작 병사 오백여 명과 말 십육 필로 대포와 총도 모르는 인디오들을 그렇게 협박했던 것이다. 당연히 인디오들은 반란을 일으켰고, 스페인은 그 보복으로 마야문명의 계승지인 아즈데카제국을 파괴하고 식민지를 건설했다. 그곳이 오늘날의 멕시코다.

같은 시기에 스페인의 피사로는 현재의 에콰도르에 도착하여 잉카제국의 황제 '아타왈파'를 체포하여 스페인 왕에게 바쳤다. 그 대가로 코르테스와 피사로에게 어떤 영화가 주어졌는지는 알고 싶지도 않다. 다만 자연인처럼 살아왔던 인디언이 많은 것을 빼앗기고도 핍박의 세월을 살아왔다는 것이 가슴 아플 뿐이다.

당시 유럽문화에 못지않은 고도로 발달한 문화가 B.C. 3000년경부터 전해오는 마야문명이다. 그 마야문명의 맥을 이어온 것이 잉카문명과 아즈데카문명이다. 아즈데카제국은 멕시코 중부지역에 거주하던 부족 중의 하나인 메히까족에 의해 세워졌고, 잉카제국은 케추아족이 안데스 산맥 일대의 여러 부족을 합병해서 세웠다고 한다.

이탈리아 항해사인 아메리고 베스푸치가 아메리카 대륙을 발견할 때부터 이 두 나라의 불행은 싹트고 있었는지도 모른다. 그의 이름을 따서 아메리카라 명명했다고 하는데, 이 대륙이 세상에 알려졌기 때문에 많은 원주민이 학살되고 문명이 파괴된 것이 사실이다. 코르테스와 피사로의 말로는 좋지 않았다. 그것은 인과응보인지도 모르겠다.

역사는 바람 속의 먼지인가? 세월따라 이리저리 휩쓸리며 승리자의 편에서 왜곡되고 있다. 달의 배꼽이라는 뜻을 지닌 아즈데카. 태양의 아들을 의미하는 잉카. 그 조상들이 이룩해 놓은 낙원을 포성으로 무자비하게 탈취한 저들을 영웅시하는 이도 있다.

본래 마야문명을 계승한 이 두 제국은 인디오의 한 집단이었다고 한다. 학자들은 중국 남방계 몽골로이드 자손이 오늘날 동아시아인의 조상이라고 했다. 남방계 몽골로이드들이 북방으로 이동하면서 만주, 몽골, 한반도 지역의 신(新) 아시아족이 되었고, 더욱 북방으로 진출한 시베리아 쪽 몽골로이드는 고(古) 아시아족이 되었다는 것이다. 고(古) 아시아족이 훗날 미국으로 건너가서 북아메리카 인디언, 또는 남미의 인디오의 조상이 되었다고 한다.

그렇다면 미국의 역사는 인디언으로부터 시작되었다고 해도 과언이 아닐 것이다. 그러나 지금 그 땅을 차지하고 있는 사람들은 은혜를 무엇으로 갚았는가. 터전을 빼앗은 것으로도 부족하여 언어와 문화까지 말살시키지 않았는가. 원주민을 잔인하게 죽이며 마치 말살만이 확실한 승리라도 되는 것처럼.

만약 마야문명의 시조이며, 아메리카 대륙의 원주민인 그들이 우리와 같은 핏줄이라면 우리는 어떻게 해야 할까. 인디오의 특징은 키가 작고, 검은 눈동자와 검은 머리칼, 피부는 황갈색이며 얼굴엔 광대뼈가 돌출하였다. 또한 그들은 태어나면서 엉덩이에 푸르스름한 몽고반점이 있다고 한다. 우리 나라 어린이에게도 몽고반점이 있지 않은가. 그것은 우리가 그동안 단일민족이라고 자부

할 수 있었던 징표가 되었는지도 모른다.

단일민족이란 유전적 동질성을 말하는 것라면, 우리는 이미 많은 외세의 침략을 받아 다른 민족의 유입이 있었기에 당치 않다. 심연의 밑바닥을 "쿵쿵" 울리는 인디언의 노래를 듣고 있으니 주변국의 침략에 맞서 싸우며 오늘까지 나라를 지켜온 조상들에게 새삼 고마움을 느낀다.

중국은 동북공정이라는 국책사업을 시작하면서 고구려와 발해 역사를 자신들의 변방 역사로 만들려 하고 있다. 고구려 역사를 빼앗기 위해 고조선 역사까지 왜곡하려 드니 반만 년의 우리 역사를 도둑맞을 지경에 있다. 역사 침탈에 강하게 맞서지 못하는 것도 약소국의 비애가 아닌가. 잉카제국이나 아즈데카제국이 멸망한 것도 약소국이었기 때문이다.

만약 김춘추가 나당연합을 이끌어 내서 고구려를 치지 않았더라면, 인디오들이 스페인의 총부리에 굴하지 않았더라면, 오늘날 세계의 역사는 어떻게 바뀌어 있을까? 인디언을 보면 편히 잘 수 있는 공간이 있고, 사랑하는 가족이 있고, 아름다운 조국이 있어 행복하다. 대원군이 지하에서 듣는다면 벌떡 일어날 일이지만, 우리나라 노총각들이 외국까지 가서 신부를 맞아들이는 세상이다. 때는 바야흐로 몽고반점 수난시대다.

8월의 뙤약볕 아래 인디언의 공연은 계속된다. 나라 잃은 설움이 구구절절이다. 나는 CD로 된 그들의 음반을 하나 샀다. 그리고 연민의 눈길로 관객이 되어 주었다. 핏줄의 당김일까?

매화의 뜰

늘 그 앞을 지나치면서도 그네들의 부산한 움직임을 눈치채지 못했다. 미리 알았더라면 한번쯤 짬을 내서 나무 아래를 서성이며 따뜻한 눈길이라도 주었을 것을. 그 여린 것들이 두꺼운 껍질을 뚫고 나오는 고통이 오죽했을까.

설을 며칠 앞두었지만, 입춘을 지났으니 봄은 봄인가 보다. 매화가 피어서 봄이 왔을까. 봄이 와서 매화가 피었을까. 날씨조차 아지랑이가 일 것처럼 나른하다. 매실 나무 아래 서서 꽃들을 자세히 들여다보니 참으로 앙증맞고 귀엽다. 꽃이 피기까지의 고통은 안중에도 없이 관상하는 재미에 푹 빠졌다.

매화를 볼 때마다 우리나라를 상징하는 꽃이 매화였으면 좋겠다는 생각이 들곤 한다. 일본의 국화(國花)라는 벚꽃보다 빨리 피어 좋고, 우르르 피었다가 요란스럽게 지는 벚꽃에 비해 기품 있어 좋다. 북풍한설도 두려워 않는 다부진 끈기에서, 산천마다 선혈을 뿌리며 나라를 지켜냈던 순국선열들의 혼이 느껴지기도 한다. 분분한 향기는 또 얼마나 선열들의 혼을 달랬을꼬.

영화 「라스트 사무라이」에서 사무라이들의 영웅 '카츠모토'는 싸움터에서 잡혀온 미국인 '알그렌 대위(탐 크루즈)'에게 뜰에 만발한 벚꽃을 보여주며

"완벽한 벚꽃송이는 드물지. 평생을 헤매어 한 송이만 찾아도 복이야."

라며 의미 있는 말을 던진다. 내가 카츠모토의 그 깊은 뜻을 어찌 알랴. 내 눈에 보이는 매화송이는 하나같이 완벽하고 어여쁘기만 한 것을. 엄동설한을 견디며 달려온 봄의 전령인 것을.

며칠 전 지인들을 통해 이 영화 이야기를 듣고, 뒷전으로 밀려난 비디오테이프를 빌려 봤다. 19세기 말, 쏟아져 들어오는 서양 문물에 대항하는 일본의 보수파(사무라이)와 그것을 무작정 받아들이려는 개혁파의 충돌로 싸움이 전개된다. 개혁 예찬론자인 천황을 등에 업고 '오무라 외상'은 반군 토벌에 필요한 신식군대를 훈련시키기 위해 미국에서 알그렌 대위를 데려온다. 그러나 알그렌은 첫 싸움에서 보수파의 영웅 카츠모토에게 잡혀 사무라이들과 같이 생활하게 된다. 비록 잡혀 온 신세이긴 하지만, 총을 쓰는 것을 수치로 아는 사무라이들의 자존심과 주군으로서 900년 간 전해오는 조상들의 터전을 지키려 애쓰는 카츠모토에게 감동한다.

사무라이들이 사는 마을의 목가적인 풍경, 벚꽃 아래서 나누는 카츠모토와 알그렌의 대화, 남자에게 복종하는 일본 여성에게서 사랑을 느끼는 알그렌, 이 모든 게 그림같이 평화롭다. 신식무기로 잔인하게 인디언을 토벌했던 과거의 늪에서 헤어나지 못하던 알그렌은 고풍스런 이곳에서 심경의 변화를 일으킨다.

사무라이들의 무사도와 잔잔하게 깔리는 배경음악에 나는 점점 빠져들었다. 서양 문물에 빠져드는 개혁파를 보며 일본인의 본질을 잃지 않으려 애쓰는 사무라이 정신은 높이 평가할 만하다. 그렇다고 보수파가 무작정 옳다는 것은 아니다. 구습(舊習)이 인습(因襲)이 되어서는 안 될 터이다. 옛것은 비판을 통해 현재의 문화 창조에 이바지할 수 있어야 할 것 같다.

평화로운 마을을 향하여 신식 무기는 인정사정이 없었다. 칼과 활만을 쓰는 사무라이들 편에서 함께 싸우고자 하는 알그렌에게 카츠모토는 출전에 앞서 "옛것과 새것이 이 칼로 하나 되리라."라고 새긴 칼을 선사한다. 결사 항전이니 이미 죽음을 각오하고 취하는 행동이리라. 그는 최선을 다해 싸우다가 총탄에 쓰러지면서도 칼로서 죽기를 원하여 개혁파의 수장이 지켜보는 가운데 할복을 한다. 그리고 알그렌에게 안겨 죽어가면서 수없이 휘날리는 연분홍 벚꽃송이의 환영을 본다.

"완벽해! 벚꽃송이들이 완벽해."

알그렌에게서 카츠모토의 칼을 전해 받은 천황은 비로소 그의 충성심을 알고 "우리의 본모습을 잊어선 안 된다."며 그가 어떻게 죽어갔는가를 조용히 묻는다. 이 영화는 우리에게도 시사하는 바가 크다. 사무라이들의 주장대로 일본이 신식 무기를 사 들이지 않았다면 우리 나라에 치욕적인 일제강점기는 없었을지도 모른다.

감동 있는 영화를 보는 것은 낮잠보다 달콤하다. '라스트 사무라이가' 그토록 오래도록 세상에 회자되는 것을 보면 명작의 수명은 목숨보다 길다. 사람은 밥만 먹고는 살 수가 없다. 예술을 창조하며 그것을 즐기며 내면을 가꾸어 가는 것이다. 카츠모토의 마지막 말이 계속 귓전을 맴돌고 눈앞에는 매화와 벚꽃이 아른거린다.

매화가 일찍이 피고 지면 그 뒤를 이어 화려하고 요란한 벚꽃이 피어난다. 보수파와 개혁파를 굳이 꽃에 비유한다면, 은은하고 향기로운 매화는 보수파요, 화려하지만 향기 없는 벚꽃은 개혁파다. 이제 머지않아 매화는 봄바람에 지리라. 한번 지고 나면 올해의 매화는 어디서도 볼 수 없는 것. 다시 매화를 보러 뜰에 내려갔다. 홍매화는 볼수록 설레게 하고, 백매화는 순결함이 돋보이고, 청매화는 참으로 이지적이다. 꽃술이 밖으로 쑤욱 빠져나오는 벚꽃에 비해 매화의 꽃술은 보일 듯 말듯 오밀조밀하여 수줍은 아가씨의 솜털 같다. 나에게 봄소식을 제일 먼저 알려주는 이 뜰이 있어 얼마나 다행인가.

카츠모토가 벚나무 아래서 알그렌에게 말했듯이 나도 매화 아래서 누군가를 잡고 가만히 속삭이고 싶다.

"완벽해! 매화송이들이 정말 완벽해."

나의 내면에도 뜰이 있다면 매실나무 한 그루 심고 싶다.

부부싸움

까치 한 마리가 논두렁에서 젖은 흙을 부리로 꼭꼭 다져 물더니 어디론가 휙 날아간다. 아마도 집을 짓기 위함이리라. 까치는 집 한 채를 짓기 위해 얼마나 많은 흙을 그렇게 물어 날라야 할까. 미물도 가정을 꾸리기 위해 안간힘을 쏟는데 하물며 사람임에랴.

나는 어제도 옆집 부부싸움 소리를 들으며 잠이 들었다. 우리 안방과 붙은 옆 라인에서 물건 집어던지는 소리, 부부가 악을 쓰는 소리가 그렇게 가끔 들려오곤 한다. 밤중에는 그 집에서 하수구에 물 내리는 소리까지 어렴풋이 들려오니 싸움 소리는 잠을 설칠 정도다. 말소리가 분명하게 들리지 않아서 싸움의 이유가 무엇인지 알 수 없지만, 번번이 잠을 도둑맞는 기분이다.

그 싸움 소리를 들으면 또 다른 부부싸움이 떠올라 악몽에 시달리곤 한다. 어느 해 봄, 대구에 사는 어떤 남자는 부부싸움 끝에 분을 삭이지 못해 부산으로 차를 몰아와서 밤새도록 술을 마셨다. 아침에 만취상태로 귀가하다가 그만 우리 남편을 치고 말았다. 사람을 치어 놓고도 경찰서에 잡혀 간 그 남자가 한 말은 더욱 가관이다.

"하얀 옷을 입은 여자가 오라고 손짓을 해서 갔는데 왜 그러느냐?"

며 횡설수설했다고 한다. 남편은 그때 흰옷을 입지 않았었다. 왕복 8차선 도로를 일행들과 함께 건너다가 혼자 사고를 당했다. 그 자리에서 의식을 잃고 뇌압이 상승하여 열하루 동안 중환자실에 누워 있었지만 깨어나지 못했다. 부부싸움도 이쯤 되면 칼로 물 베기가 아니라 남의 부부를 갈라놓은 꼴이 되었다.

누구나 부부싸움을 하고 산다. 나는 부부싸움 한번 안하고 살았다는 사람들 말은 믿지 않는다. 나도 남편이랑 툭탁거리며 많이 싸웠다. 어쩌다가 싸움을 크게 해야겠다 싶을 때는 남편한테 뒷산으로 올라가자고 했다. 어린것들 보기에도 그렇고 이웃 듣는데도 큰 소리낼 필요가 없기 때문이다. 싸움하러 산에 오르다 보면 힘도 빠지고 새들의 지저귐, 풀잎 스치는 소리, 이런 저런 풀꽃들의 반기는 모습에 그만 싸울 마음이 없어졌다.

남편이 병상에 누워 의식이 없을 때도 나는 마음속으로 싸움을 걸었다. "길을 잘 보고 건너지. 큰 상처도 없는데 왜 깨어나지 못하는 거야?" 그러다가 지푸라기라도 잡는 심정으로 점쟁이를 찾아갔다. 사고현장에서 헤매는 혼을 불러들이는 큰 굿을 하라고 했다. 어린것들을 집에 두고 병원과 집을 쫓아다니느라 그럴 수 없는 처지이니 비방이라도 가르쳐 달라고 졸랐다. 나는 착한 아이처럼 점쟁이가 시키는 대로 명태와 과일을 사들고 사고 현장에 가서 그곳에서 헤매고 있을(?) 남편의 혼을 부르며 절을 해댔다.

남편을 잃게 된 것이 내 탓은 아니지만, 그 후로 나에겐 반갑지 않은 호칭이 하나 붙었다. 홀로 된 여인을 좋게 말하면 미망인이고, 절절한 사연이 있을 것 같으면 홀어미이고, 가십거리로 입에 올릴 때는 과부라고 한다. 싫건 좋건 나는 그 중의 하나에 속한다. 누군가가 나를 의식하지 못한 채 과부라는 말로 우스갯소리를 할 때, 나는 끓는 물에 덴 듯 온몸이 화끈거린다. 과부라는 말 뒤에 따라오는 대사는 항상 좋은 말이 아니기 때문이다. 역지사지(易地思之)의 뜻을 안다면 남의 불행이 우스개가 될 수는 없다.

영국 왕세자비 다이애너의 뒤를 따라 다닌 색안경은 파파라치였다. 그녀가 남편과 함께였더라도 그런 불행을 초래하였을까. 아무튼 우리의 관습으로 보았을 때 그녀는 부도덕한 여인으로 비춰지기 쉽지만, 영국 황실에서는 성대한 장례식을 치러주었다. 아직 우리 사회적 통념은 그만큼 관대하지 못하다. 나에겐 그런 보이지 않는 색안경이 더욱 부담스럽다.

젊은 여자가 홀로 되었을 때, 재혼을 할 것인지 말 것인지는 관심거리일 수도 있겠다. 사람들이 재혼에 대해 물어 올 때 나는 제일 먼저 떠오르는 사람이 시어머니와 아이들이다. 내 인생만을 위해 어찌 그들에게 두 번 상처를 주겠는가. 훗날 어머니가 돌아가시고, 아이들이 성장하여 나의 입장을 이해할 때가 온다면 다시 생각해 볼 수도 있겠지만, 세월이 기다려 주지 않을 것이다.

홀로 된 여인의 속곳만 봐도 거시기 보았다고 입방아를 찧는 게 세상인심이다. 만약 입방아에 오르내리지 않고 잘 살고 있으면 독한 여자, 억척스런 여자가 되고, 소문에 휩쓸리는 경우엔 몹쓸 여자가 되기 십상이다. 나는 억척스럽다는 소리도 듣기 싫고, 몹쓸 여자도 되기 싫다. 그냥 평범한 어미이고 싶다.

벚꽃이 지고 있다. 남편이 입원해 있을 때도 병원 진입로에 벚꽃이 그렇게 휘날리고 있었다. 꽃이 땅에 떨어져 뒹굴 때 바람이라도 불라치면 꽃들은 나비처럼 허공에 나풀거렸다. 그 환상적인 풍경에 길을 가다가도 멈춰 서서 하염없이 보고 있었다. 저 꽃은 이제 어디로 가는 것일까, 남편은 앞으로 어떻게 되는 것일까, 생각하며 바람 따라 휘날리는 꽃의 자유가 부러웠다.

이 세상이 하얀 도화지라면 사람이 태어나는 순간은 도화지에 점 하나 찍어놓은 상태일 것이다. 점이 선이 되고, 선이 모여 그림이 되고, 또 채색의 과정이 기다리고 있다. 갑자기 남편을 잃게 된 것은 내가 열심히 도화지 위에 색칠을 하는 도중 누군가가 먹물을 끼얹은 것과 같다. 그림을 다시 시작해야 할까? 먹물을 닦으며 그림을 완성해야 할까? 그 어느 쪽도 그럴듯한 작품이 될 것 같지가 않다.

어떤 부부싸움은 내 인생을 이렇게 바꿔 놓았다. 하지만 흙을 물어 나르던 까치보다 못한 인간이 되지 않으려고 아직도 남편에게 무언의 싸움을 걸며 산다. 가정이란 말로써 지켜지는 것이 아니다. 부부가 서로 애정을 가지고 최선을 다할 때 따뜻한 보금자리가 유지될 것이다.

남지은 수필집

빈지 틈으로

초판인쇄 2007년 7월 10일
초판발행 2007년 7월 16일

저 자 남 지 은
발 행 인 서 정 환
펴 낸 곳 수필과비평사

출판등록 1984년 8월 17일 제28호
주 소 서울시 종로구 익선동 30-6
운현신화타워 빌딩 2층 207호
전 화 (02)3675-5633
홈페이지 http://www.shinapress.com
e-mail essay321@hanmail.net

값 9,000원

ISBN 978-89-5925-237-4 03810